CONSTRUINDO UMA EMPRESA DE SUCESSO:

Estratégias e Práticas da Gestão Empresarial

JHONATAN ANTONELLI

Volume 1

Edição 1

Autor: Jhonatan Antonelli | @jhonatan.antonelli

SUMÁRIO

CAPÍTULO 7: GESTÃO DA INOVAÇÃO E MUDANÇA81

INTRODUÇÃO

Construir e manter uma empresa bem-sucedida é um desafio constante para empreendedores e gestores. É uma tarefa que envolve uma combinação de visão, estratégia, planejamento e execução, além de habilidades de liderança e capacidade de adaptação às mudanças do mercado e do ambiente empresarial. Este livro, intitulado "Construindo uma empresa de sucesso: Estratégias e práticas na gestão empresarial", tem como objetivo fornecer aos leitores *insights* valiosos sobre as melhores práticas de gestão empresarial para alcançar o sucesso a longo prazo.

Ao longo deste livro, exploraremos as principais estratégias e práticas de gestão empresarial, que incluem a definição de objetivos claros, o desenvolvimento de uma cultura empresarial forte, a gestão financeira eficiente, a implementação de processos e sistemas de qualidade, a criação de uma equipe de sucesso e a adaptação às mudanças do mercado.

O autor deste livro é um especialista em gestão empresarial, com vasta experiência em liderança e empreendedorismo. Ele compartilha aqui, um apanhado de suas próprias experiências empresariais, bem como estudos de caso de empresas de sucesso em todo o mundo.

Este livro é voltado para empresários, executivos e gestores que desejam aprimorar suas habilidades de liderança e gestão empresarial. Com este guia, esperamos inspirar os leitores a alcançar o sucesso em suas próprias empresas e a contribuir para o desenvolvimento econômico global.

PREFÁCIO

Prezados leitores,

É com grande satisfação que apresento a vocês o livro "Construindo uma empresa de sucesso: Estratégias e práticas da gestão empresarial". Este livro é destinado a empresários, empreendedores e gestores que buscam aprimorar seus conhecimentos e práticas em gestão empresarial, visando construir empresas de sucesso.

O mundo dos negócios está em constante transformação e as empresas que desejam se manter competitivas precisam estar preparadas para enfrentar desafios e aproveitar as oportunidades que surgem. Por isso, o livro apresenta estratégias e práticas de gestão empresarial atualizadas e eficazes, que ajudarão os leitores a desenvolver uma visão sistêmica e integrada da gestão de suas empresas.

Ao longo do livro, os leitores encontrarão informações e orientações sobre temas como gestão financeira, gestão de pessoas, inovação e mudança, tecnologias e ferramentas de gestão, entre outros assuntos essenciais para o sucesso empresarial. Todas orientações e ferramentas contidas no livro, foram aplicadas em empresas que se tornaram bem-sucedidas, podendo inspirar e orientar os leitores em suas próprias jornadas empresariais.

Espero que este livro seja útil e inspirador para todos os leitores, e que contribua para o sucesso de suas empresas. Desejo uma ótima leitura a todos!

Atenciosamente,

Jhonatan de Melo Antonelli

Capítulo 1

Fundamentos da Gestão Empresarial

DEFINIÇÃO DE GESTÃO EMPRESARIAL E SUA IMPORTÂNCIA PARA O SUCESSO DAS EMPRESAS

A gestão empresarial é o conjunto de práticas, estratégias e técnicas utilizadas para planejar, organizar, dirigir e controlar os recursos e atividades de uma empresa, buscando alcançar seus objetivos e metas. É uma disciplina fundamental para o sucesso de qualquer organização, independentemente do seu porte ou setor de atuação.

Ela é responsável por tomar decisões estratégicas e táticas que impactam diretamente o desempenho da empresa. O seu teor engloba todas as áreas e processos de uma organização, desde a definição da visão e missão, passando pelo planejamento estratégico, gestão de pessoas, finanças, marketing, produção, logística, até o controle e avaliação dos resultados obtidos.

A importância da gestão empresarial para o sucesso das empresas é ampla e abrangente. Vejamos alguns pontos-chave:

Alinhamento com os Objetivos e Metas: A gestão empresarial permite que a empresa defina e alinhe seus objetivos e metas, estabelecendo um plano de ação claro e coerente para alcançá-los. É por meio da gestão empresarial que a empresa pode identificar oportunidades de crescimento, analisar a viabilidade de novos projetos, estabelecer prioridades e direcionar seus recursos de forma eficaz.

Tomada de Decisões Informadas: A gestão empresarial envolve a coleta, análise e interpretação de dados e informações relevantes para a tomada de decisões governativas e embasadas. Os gestores precisam avaliar diferentes alternativas, considerar riscos e benefícios, e tomar decisões estratégicas e operacionais que impactam diretamente o desempenho e a competitividade da empresa no mercado.

Organização e Eficiência: A gestão empresarial é responsável pela organização dos recursos e atividades da empresa, visando a otimização dos processos e maximização da eficiência operacional. Uma gestão bem estruturada permite que a empresa utilize seus recursos de forma adequada, evitando desperdícios, retrabalhos e atrasos, e obtendo melhores resultados em termos de produtividade e qualidade.

Gestão de Pessoas: As pessoas são um dos recursos mais importantes de uma empresa, e a gestão empresarial é fundamental para atrair, desenvolver, reter e engajar os colaboradores. Por meio de práticas de gestão de pessoas eficazes, como recrutamento e seleção, treinamento e desenvolvimento, avaliação de desempenho e gestão de remuneração, a empresa pode contar com uma equipe motivada, competente e comprometida com o sucesso da organização.

Monitoramento e Controle: A gestão empresarial também é responsável pelo monitoramento e controle das atividades e resultados da empresa. Por meio de indicadores de desempenho, relatórios gerenciais e sistemas de controle interno, os gerentes podem avaliar o progresso em relação aos objetivos alcançados, identificar desvios e implementar ações corretivas quando necessário, garantindo o cumprimento dos planos e a captação dos resultados esperados.

Inovação e a Tecnologia: Tem desempenhado um papel cada vez mais relevante na gestão empresarial, revolucionando a forma como as empresas operam, competem e se destacam em um ambiente de negócios em constante evolução. Esses dois elementos estão intrinsecamente ligados e têm um impacto significativo em diversos aspectos da gestão empresarial, desde a estratégia e operações até o relacionamento com clientes e a cultura organizacional.

PAPÉIS E RESPONSABILIDADES DOS GESTORES

Os gestores desempenham um papel fundamental na gestão empresarial, sendo responsáveis por liderar, planejar, organizar, dirigir e controlar as atividades da empresa para alcançar os objetivos e metas alcançados. Eles operam em diferentes níveis hierárquicos e áreas operacionais da organização, e suas responsabilidades variam de acordo com a carga e a posição que ocupam. Vamos explorar os principais papéis e responsabilidades dos gestores:

Liderança: É uma das principais responsabilidades dos gestores. Eles devem inspirar, motivar e influenciar seus colaboradores para alcançar os objetivos organizacionais. A liderança envolve a capacidade de tomar decisões, resolver conflitos, delegar tarefas, desenvolver talentos, e criar um ambiente de trabalho positivo e colaborativo.

Planejamento Estratégico: É uma atividade essencial da gestão empresarial e os gestores são responsáveis por definir os objetivos e metas da empresa, estabelecer estratégias para alcançá-los, e elaborar planos de ação detalhados. O planejamento envolve também a análise de cenários, identificação de oportunidades e ameaças, e alocação de recursos de forma adequada.

Organização: É outra responsabilidade importante dos gestores. Eles devem estruturar os recursos da empresa, como pessoas, materiais, equipamentos e informações, de forma eficiente e eficaz. Isso inclui a definição de responsabilidades, a criação de processos e procedimentos, a distribuição de tarefas, e o estabelecimento de uma estrutura organizacional adequada.

Direção: Refere-se à orientação e supervisão das atividades dos colaboradores. Os gestores devem monitorar o desempenho de suas equipes, fornecer feedback, motivar e capacitar os colaboradores para que possam desempenhar suas funções de forma eficaz. A direção também envolve a comunicação clara de metas, expectativas e diretrizes, e o estímulo à cooperação e trabalho em equipe.

Controle: É uma responsabilidade crítica dos gestores para garantir que as atividades da empresa estejam sendo executadas de acordo com o planejado. Isso envolve o estabelecimento de indicadores de desempenho, a monitorização dos resultados obtidos, a identificação de desvios e a implementação de ações corretivas quando necessário. O controle também pode incluir uma análise de relatório gerenciais, uma avaliação do uso de recursos e verificação do cumprimento de políticas e procedimentos.

Tomada de Decisões: É de responsabilidade dos gestores, a tomada de decisões em diferentes níveis e áreas da empresa. Isso envolve uma análise de informações, a consideração de riscos e benefícios, e a escolha da melhor alternativa para alcançar os objetivos alcançados. A tomada de decisões pode ser estratégica, tática ou operacional e requer habilidades de análise crítica, pensamento estratégico e resolução de problemas.

Desenvolvimento de Pessoas: Os gestores exercem um papel fundamental na identificação do potencial dos colaboradores, no estabelecimento de metas de desenvolvimento e no fornecimento de recursos e oportunidades para que possam aprimorar suas habilidades e conhecimentos. Isso pode ser feito por meio de treinamentos, programas de capacitação, mentoring, coaching e outras iniciativas de desenvolvimento pessoal e profissional.

Desta forma, os gestores desempenham um papel essencial nas organizações, sendo responsáveis por liderar equipes, tomar decisões estratégicas e alcançar os objetivos estabelecidos. Eles têm a responsabilidade de criar e comunicar uma visão clara, motivar e inspirar seus colaboradores, além de garantir a eficiência e eficácia das operações. Além disso, os gestores devem ser capazes de identificar e aproveitar oportunidades de inovação, enfrentar desafios e promover a mudança organizacional. A responsabilidade dos gestores se estende também ao desenvolvimento e gerenciamento dos recursos humanos, ao estabelecimento de relações sólidas com os *stakeholders* e à garantia da conformidade com os requisitos legais e éticos. Em suma, os gestores desempenham múltiplos papéis e têm a responsabilidade de orientar as organizações rumo ao sucesso, assegurando o crescimento sustentável e a obtenção de resultados positivos.

PRINCÍPIOS DE GESTÃO EMPRESARIAL

Os princípios de gestão empresarial são conceitos fundamentais que orientam as práticas e ações dos gestores para alcançar os objetivos organizacionais. Eles servem como diretrizes para a tomada de decisões e para o desenvolvimento de estratégias e planos de ação. A partir de agora, exploraremos os princípios de gestão empresarial, que incluem planejamento, organização, direção e controle.

Planejamento: É um princípio fundamental da gestão empresarial. Ele envolve a definição de objetivos claros e alcançáveis, a análise de cenários, a identificação de oportunidades e ameaças, e a elaboração de estratégias para alcançar os objetivos alcançados. O planejamento também inclui a definição de metas, a alocação de recursos, a criação de planos de ação e a estipulação de prazos. O planejamento é uma atividade contínua e dinâmica, que requer revisões e ajustes periódicos para se adaptar às mudanças do ambiente de negócios.

Organização: É outro princípio importante da gestão empresarial. Ela envolve a estruturação dos recursos da empresa, como pessoas, materiais, equipamentos e informações, de forma eficiente e eficaz. A organização inclui a definição de responsabilidades, a criação de processos e procedimentos, a distribuição de tarefas, e o estabelecimento de uma estrutura organizacional adequada. Uma organização também pode envolver a definição de canais de comunicação, a criação de políticas e normas, e a promoção de uma cultura organizacional positiva.

Direção: É um princípio essencial da gestão empresarial. Ela envolve a orientação e supervisão das atividades dos colaboradores para alcançar os objetivos organizacionais. A direção inclui a motivação dos colaboradores, a comunicação clara e assertiva de metas e expectativas, o fornecimento de feedback, e o desenvolvimento de habilidades e competências. A direção também envolve a liderança, a resolução de conflitos, a promoção do trabalho em equipe e a criação de um ambiente de trabalho positivo e colaborativo.

Controle: É um princípio crítico da gestão empresarial. Ele envolve o estabelecimento de indicadores de desempenho, a monitorização dos resultados obtidos, a identificação de desvios e a implementação de ações corretivas quando necessário. O controle também pode incluir uma análise de relatórios gerenciais, uma avaliação do uso de recursos, uma verificação do cumprimento de políticas e procedimentos, e a garantia de que as atividades da empresa estejam sendo executadas de acordo com o planejado. O controle é uma atividade contínua e sistemática, que permite aos gestores identificar problemas e tomar medidas corretivas para garantir o alcance dos objetivos.

Esses quatro princípios, "planejamento, organização, direção e controle", são interdependentes e se complementam na gestão empresarial.

CICLO DE PLANEJAMENTO E SUA APLICAÇÃO NA GESTÃO EMPRESARIAL

O ciclo de planejamento é uma abordagem sistemática que os gestores utilizam para definir metas, elaborar estratégias, estabelecer planos de ação e monitorar o progresso em direção aos objetivos organizacionais. É uma ferramenta essencial na gestão empresarial, pois permite uma abordagem estruturada e proativa para a tomada de decisões e alcance dos resultados desejados. Desta forma, vamos explorar em detalhes o ciclo de planejamento e sua aplicação na gestão empresarial.

Definição de Objetivos: O primeiro passo no ciclo de planejamento é a definição clara e precisa dos objetivos organizacionais. Os objetivos são metas que a empresa deseja alcançar em um determinado período de tempo e devem ser específicos, mensuráveis, alcançáveis, relevantes e temporais (conhecidos como critérios SMART). Os gestores devem trabalhar em estreita colaboração com as partes interessadas relevantes para identificar e estabelecer os objetivos organizacionais, levando em consideração a missão, visão e valores da empresa, bem como o ambiente de negócios e as expectativas dos clientes.

Análise do Ambiente: O próximo passo no ciclo de planejamento é a análise do ambiente de negócios. Isso envolve uma avaliação dos fatores internos e externos que podem afetar a empresa e sua capacidade de alcançar os objetivos. A análise do ambiente pode incluir a revisão das forças, fraquezas, oportunidades e ameaças (conhecidas como análise SWOT) da empresa, a análise do mercado, a análise da concorrência, a análise dos recursos disponíveis e a identificação de tendências e mudanças no ambiente de negócios.

Elaboração de Estratégias: Com base na definição de objetivos e na análise do ambiente, os gestores devem desenvolver estratégias planejadas para alcançar os objetivos alcançados. As estratégias são planos de alto nível que delineiam a direção geral que a empresa deve seguir para alcançar seus objetivos. As estratégias devem ser consistentes com a missão, visão e valores da empresa e devem levar em consideração os recursos disponíveis, as capacidades internas e as oportunidades e ameaças identificadas na análise do ambiente.

Elaboração de Planos de Ação: Com a estratégias em mãos, os gestores devem elaborar planos de ação detalhados que descrevam as atividades específicas que devem ser executadas para implementá-las e alcançar os objetivos organizacionais. Os planos de ação devem incluir tarefas, responsabilidades, prazos, recursos necessários e indicadores de desempenho para medir o progresso. Os planos de ação devem ser realistas, factíveis e flexíveis, permitindo ajustes à medida que a implementação ocorra e o ambiente de negócios evolua.

Implementação e Monitoramento: A última etapa do ciclo de planejamento envolve a implementação dos planos de ação e o monitoramento dos resultados. Isso pode incluir a alocação de recursos, a definição de prazos, a designação de responsabilidades e a avaliação do progresso em relação aos objetivos alcançados. O monitoramento contínuo permite que os gestores identifiquem problemas e ajustem as estratégias conforme necessário.

Desta forma, podemos concluir que o ciclo de planejamento é uma abordagem fundamental para uma gestão empresarial eficaz. Ele permite que os gestores definam objetivos claros, elaborem estratégias e tomem decisões influenciadas para alcançar esses objetivos. O ciclo de planejamento é composto por etapas interconectadas, como o diagnóstico da situação atual, a definição de metas e objetivos SMART (específicos, mensuráveis, alcançáveis, relevantes e temporais), a elaboração de estratégias e planos de ação, a implementação desses planos e monitoração e avaliação dos resultados obtidos.

Capítulo 2:

Estratégia e Planejamento

CONCEITOS-CHAVE DE ESTRATÉGIA EMPRESARIAL

A estratégia empresarial é um conjunto de decisões e ações tomadas pelos gestores de uma empresa com o intuito de alcançar os objetivos organizacionais e obter vantagem competitiva em um ambiente de negócios complexos e em constante crescimento. Existem diversos conceitos-chave que são fundamentais para compreender e aplicar uma estratégia empresarial eficaz. Vamos conhecer alguns dos principais conceitos de estratégia empresarial a seguir.

Missão, Visão e Valores: A missão de uma empresa é a sua razão de existir, a descrição do propósito fundamental da organização. A visão é a descrição do futuro desejado da empresa, uma imagem clara do que a empresa pretende alcançar em longo prazo. Os valores são os princípios e crenças fundamentais que guiam o comportamento da empresa e influenciam a tomada de decisão. Uma estratégia empresarial eficaz deve estar alinhada com a missão, visão e valores da empresa, fornecendo uma direção clara para as ações e decisões.

Análise SWOT: A análise *SWOT* é uma ferramenta utilizada na estratégia empresarial para avaliar os pontos fortes *(Strengths)*, pontos fracos *(Weaknesses)*, oportunidades *(Opportunities)* e ameaças *(Threats)* de uma empresa. Essa análise ajuda a identificar os recursos internos e externos da empresa, bem como as oportunidades e desafios do ambiente de negócios, o que é fundamental para a definição de estratégias eficazes.

Vantagem Competitiva: A vantagem competitiva é o que diferencia uma empresa de seus concorrentes, permitindo-lhe obter uma posição única e superior no mercado. Pode ser atendido através de diversos meios, tais como liderança em custos, diferenciação de produtos ou serviços, foco em nichos de mercado, entre outros. A identificação e exploração da vantagem competitiva são fundamentais na definição da estratégia empresarial para obter um posicionamento consolidado no mercado.

Estratégias Genéricas de *Porter:* *Michael Porter*, especialista em estratégia empresarial, assumiu três estratégias genéricas que as empresas podem adotar para obter vantagem competitiva: "liderança em custos, diferenciação e abordagem". A estratégia de liderança em custos busca alcançar a vantagem competitiva através da oferta de produtos ou serviços com custos mais baixos que os concorrentes. A estratégia de busca de diferenciação destaca-se no mercado oferecendo produtos ou serviços únicos e de maior valor para os clientes. Uma estratégia de abordagem busca atender a um nicho específico de mercado, com necessidades específicas. Essas estratégias genéricas podem ser combinadas ou adotadas de forma compreensiva, dependendo das características e da empresa.

Ciclo de Vida do Produto: É uma representação das diferentes fases pelas quais um produto passa desde o seu lançamento até o seu declínio no mercado. Composto pelas fases de introdução, crescimento, maturidade e declínio, o ciclo de vida do produto é uma ferramenta estratégica importante na gestão de produtos, que permite aos gestores compreenderem a dinâmica de mercado e adaptarem suas estratégias de marketing e vendas de acordo com cada fase do ciclo.

ANÁLISE *SWOT* (FORÇAS, FRAQUEZAS, OPORTUNIDADES E AMEAÇAS) E SUA APLICAÇÃO NA FORMULAÇÃO DE ESTRATÉGIAS

A análise *SWOT* é uma ferramenta utilizada na estratégia empresarial para avaliar os pontos fortes *(Strengths)*, pontos transitórios *(Weaknesses)*, oportunidades *(Opportunities)* e ameaças *(Threats)* de uma empresa. Essa análise ajuda a identificar os recursos internos e externos da empresa, bem como as oportunidades e desafios do ambiente de negócios, o que é fundamental para a definição de estratégias eficazes.

A análise *SWOT* é realizada através de um processo sistemático e organizado, que envolve a identificação e avaliação dos fatores internos e externos que foram conduzidos a empresa. A seguir, vamos explorar cada um dos componentes da análise *SWOT*:

Forças *(Strengths)*: As forças são as características internas da empresa que a diferenciam dos seus concorrentes e as tornam mais competitivas. Essas características podem ser a qualidade dos produtos ou serviços, a eficiência operacional, a liderança em tecnologia, a experiência dos colaboradores, entre outros.

Fraquezas *(Weaknesses)*: As fraquezas são as características internas da empresa que a prejudicam na competição com os seus concorrentes. Essas características podem ser falta de recursos, baixa qualidade dos produtos ou serviços, ineficiência operacional, falta de experiência dos funcionários, entre outros.

Oportunidades *(Opportunities)*: As oportunidades são os fatores externos ao ambiente da empresa que podem ser exploradores para obter vantagem competitiva. Esses fatores podem ser o crescimento do mercado, a mudança nas influências dos consumidores, a evolução da tecnologia, a entrada em novos mercados, entre outros.

Ameaças *(Threats)*: As ameaças são os fatores externos ao ambiente da empresa que podem prejudicar a sua posição competitiva. Esses fatores podem ser a entrada de novos concorrentes, a mudança nas leis e regulamentações, entre outros. Identificar e minimizar essas ameaças é fundamental para a construção de uma estratégia empresarial eficaz.

Portanto, a análise *SWOT* é utilizada como base para a formulação de estratégias empresariais eficazes. A partir da identificação dos fatores internos e externos da empresa, os gestores podem formular estratégias que aproveitem as forças e oportunidades, minimizem as fraquezas e ameaças, e alcancem os objetivos organizacionais.

PROCESSO DE PLANEJAMENTO ESTRATÉGICO E SUA IMPORTÂNCIA NA GESTÃO EMPRESARIAL

O processo de planejamento estratégico é uma ferramenta importante na gestão empresarial, pois permite que a empresa estabeleça metas, objetivos e estratégias para alcançar uma posição competitiva no mercado. Ele é um processo contínuo e dinâmico, que envolve a análise do ambiente externo e interno da empresa, a definição de objetivos e metas, a formulação de estratégias, a implementação das estratégias, o controle e o monitoramento dos resultados.

A seguir, vamos dividir o planejamento estratégico em cinco etapas principais.

Análise do ambiente externo: Nesta etapa, a empresa avalia os fatores externos que marcaram o seu ambiente de negócios, como o mercado, a concorrência, a tecnologia, as leis e regulamentações, entre outros. A análise do ambiente externo ajuda a identificar as oportunidades e ameaças que a empresa enfrenta ou pode enfrentar.

Análise do ambiente interno: Aqui, a empresa avalia os fatores internos que exerceram a sua capacidade de competir no mercado, como os recursos humanos, os recursos financeiros, a tecnologia, os processos e a cultura organizacional. A análise do ambiente interno ajuda a identificar as forças e fraquezas da empresa.

Definição de objetivos e metas: Com base nas análises do ambiente externo e interno, a empresa define seus objetivos e metas a longo prazo. Os objetivos devem ser específicos, mensuráveis, alcançáveis, relevantes e temporais. Geralmente é realizado *OKR's* trimestrais para o acompanhamento.

Formulação de estratégias: Nesta fase, a empresa desenvolve estratégias para alcançar os seus objetivos e metas. As estratégias devem ser realistas, viáveis, coerentes e consistentes com os recursos da empresa.

Implementação e monitoramento: Após a formulação das estratégias, a empresa implementa as ações necessárias para alcançar os seus objetivos e metas. É muito importante monitorar e controlar os resultados para garantir que as estratégias estejam sendo efetivas e para realizar os ajustes necessários.

A importância do planejamento estratégico na gestão empresarial é a garantia de que a empresa está focada em seus objetivos e metas a longo prazo. O planejamento estratégico permite que a empresa esteja preparada para enfrentar desafios e aproveitar oportunidades, garantindo assim a sua sobrevivência e sucesso no mercado. Além disso, o processo de planejamento estratégico permite que a empresa utilize de forma eficiente seus recursos, evitando desperdícios e aumentando a eficiência e eficiência organizacional.

Portanto, o processo de planejamento estratégico é um importante instrumento na gestão empresarial, permitindo que as empresas sejam proativas e se adaptem às mudanças do ambiente de negócios. O processo ajuda as empresas a definir seus objetivos, desenvolver estratégias eficazes, alocar recursos e monitorar resultados, tornando-as mais competitivas e bem-sucedidas no mercado.

DEFINIÇÃO DE OBJETIVOS E METAS E SUA RELAÇÃO COM A ESTRATÉGIA EMPRESARIAL

A definição de objetivos e metas é uma parte fundamental do processo de gestão empresarial e está intrinsecamente relacionada com a estratégia empresarial. Objetivos e metas são elementos-chave para direcionar e guiar as ações da empresa, estabelecendo um rumo claro para alcançar os resultados desejados. Neste contexto, a estratégia empresarial é o plano geral que a empresa desenvolve para atingir seus objetivos de longo prazo, e os objetivos e metas são os marcos específicos que apoiam a execução dessa estratégia.

A definição clara e precisa de objetivos e metas é essencial para o sucesso de uma empresa. A falta de objetivos claros pode resultar em ações descoordenadas e desperdício de recursos, enquanto metas mal definidas podem levar a resultados insatisfatórios ou até mesmo conflitantes. Além disso, os objetivos e metas devem ser observados com a visão, missão e valores da empresa, e devem ser comunicados claramente a todos os envolvidos na organização.

Para definir objetivos e metas, a empresa precisa primeiro estabelecer sua estratégia empresarial. A estratégia empresarial é um plano abrangente que orienta as ações da empresa em longo prazo e define a direção geral que a empresa pretende seguir. A estratégia deve ser elaborada com base em uma análise cuidadosa do ambiente interno e externo da empresa, incluindo suas forças, fraquezas, oportunidades e ameaças. A partir dessa análise, a empresa deve identificar suas vantagens competitivas e definir as ações que irá realizar para aproveitá-las.

Uma vez que a estratégia empresarial tenha sido definida, a empresa pode estabelecer objetivos de longo prazo que sejam mantidos com essa estratégia. Estes objetivos são abrangentes e descrevem o que a empresa deseja alcançar em termos gerais, indicando a direção que a empresa pretende seguir. Os objetivos de longo prazo devem ser específicos, mensuráveis, alcançáveis, relevantes e temporais (*SMART*, na sigla em inglês).

A partir dos objetivos de longo prazo, a empresa pode definir metas de curto e médio prazo que são específicas e mensuráveis. As metas devem ser protegidas com base nos objetivos de longo prazo e devem ser mensuráveis para que a empresa possa acompanhar seu progresso e fazer ajustes quando necessário. Elas podem abranger várias áreas da empresa, como vendas, produção, finanças e recursos humanos, e devem ser protegidos com base em uma análise do ambiente interno e externo da empresa.

Ao definir objetivos e metas, a empresa deve levar em consideração a capacidade de seus recursos e sua viabilidade financeira. Os objetivos e metas devem ser ambiciosos, mas também realistas e viáveis, considerando as restrições da empresa. Além disso, a empresa deve monitorar constantemente seu progresso em relação aos objetivos e metas alcançar e fazer ajustes necessários ao longo do tempo. Isso envolve a análise e o acompanhamento dos indicadores de desempenho, bem como a revisão periódica das estratégias e planos de ação.

Deste modo, ao definir e metas, é importante considerar objetivos a capacidade de recursos e a viabilidade financeira da empresa, estabelecendo metas ambiciosas, porém realistas e viáveis. O monitoramento constante do progresso e a flexibilidade para fazer ajustes são objetivos fundamentais para garantir o sucesso na busca pelos empresariais.

DESENVOLVIMENTO E IMPLEMENTAÇÃO DE PLANOS DE AÇÃO

Os planos de ação são um conjunto de atividades e tarefas específicas que são projetadas para alcançar um objetivo ou meta específica. Eles são uma ferramenta essencial na gestão empresarial, pois ajudam a transformar a estratégia empresarial em ações concretas. Desenvolver e implementar um plano de ação eficaz é fundamental para o sucesso da empresa, pois ajuda a garantir que as metas e objetivos sejam alcançados de forma eficiente e efetiva.

Desenvolvimento de Planos de Ação

O processo de desenvolvimento de um plano de ação começa com a identificação clara e precisa do objetivo ou meta a ser alcançado. O próximo passo é identificar as atividades e tarefas específicas que precisam ser realizadas para alcançar o objetivo. Essas atividades devem ser definidas de maneira clara e precisa, devendo ser organizadas em uma sequência lógica.

Depois de identificar as atividades, é importante estabelecer prazos realistas para concluir cada uma. Isso ajuda a garantir que o plano de ação seja executado de forma oportuna e que o objetivo ou meta seja alcançado dentro do prazo previsto.

Além disso, é importante definir as responsabilidades de cada pessoa ou equipe envolvida na implementação do plano de ação. Cada atividade deve ser atribuída a um responsável específico, que será responsável por garantir que a atividade seja concluída dentro do prazo estabelecido e de acordo com as especificações do plano.

Implementação de Planos de Ação

A implementação de um plano de ação envolve a execução das atividades e tarefas identificadas no plano. Durante a implementação do plano, é importante monitorar o progresso e fazer os ajustes quando necessário. Isso envolve o acompanhamento das atividades concluídas, a identificação de possíveis problemas ou obstáculos e a tomada de medidas corretivas para manter o plano de ação no caminho certo.

A comunicação também é fundamental durante a implementação do plano de ação. É importante que todas as pessoas e equipes envolvidas no plano estejam cientes de seu papel e responsabilidades. As atualizações regulares sobre o progresso do plano de ação também devem ser comunicadas a todas as partes interessadas, incluindo a gerência, colaboradores e outras partes envolvidas.

A avaliação do plano de ação também é importante durante a implementação. A avaliação ajuda a determinar se o plano está funcionando conforme o planejado e se as atividades estão sendo realizadas de forma eficiente e assertiva. Se forem identificados problemas ou obstáculos durante a implementação, as atividades devem ser ajustadas para garantir que o objetivo ou meta seja alcançado dentro do prazo estabelecido.

Portanto, o desenvolvimento e implementação de planos de ação eficazes é fundamental para o sucesso da empresa. Os planos de ação ajudam a transformar a estratégia empresarial em ações concretas e garantir que as metas e objetivos sejam alcançados de forma eficiente e eficaz. O desenvolvimento de planos de ação envolve uma identificação clara e precisa do objetivo ou meta, a definição de estratégias e táticas para alcançá-los, a atribuição de responsabilidades, a alocação de recursos e a definição de prazos para execução. Os planos de ação são ferramentas práticas para transformar objetivos em ações concretas e tangíveis, permitindo a coordenação e o acompanhamento efetivo das atividades necessárias para alcançar os resultados desejados.

Capítulo 3:

Organização e Estrutura Organizacional

PRINCÍPIOS DE ORGANIZAÇÃO EMPRESARIAL

A organização empresarial é um elemento fundamental da gestão empresarial. Uma organização adequada da empresa é importante para garantir que os objetivos e metas sejam alcançados de forma eficiente e eficaz. Para isso, é importante seguir alguns princípios básicos de organização empresarial. Justamente com esse intuito, iremos esmiuçar alguns deles.

Divisão do trabalho

A divisão do trabalho é um princípio fundamental da organização empresarial. Isso significa que as tarefas devem ser divididas entre os colaboradores de acordo com suas habilidades e competências. Isso ajuda no aumento da eficiência da empresa, pois cada funcionário pode se concentrar em suas tarefas específicas, sem precisar se preocupar com outras áreas.

Hierarquia

A hierarquia é outro princípio fundamental da organização empresarial. Este conceito expressa que a empresa deve ter uma estrutura organizacional clara e definida, com níveis hierárquicos distintos. Desta forma, ajuda a garantir que as responsabilidades e autoridades sejam claramente comprovadas em toda a empresa.

Coordenação

A coordenação é mais um princípio importante da organização empresarial, pois ajuda a garantir que as atividades e tarefas sejam realizadas de forma harmoniosa e integrada. Envolve uma comunicação eficaz entre os diferentes departamentos e colaboradores da empresa, garantindo que todos estejam trabalhando juntos em direção aos objetivos e metas comuns.

Centralização e Descentralização

A centralização e descentralização é uma dupla que compõe a lista de princípios importantes da organização empresarial. A centralização envolve a concentração do poder e autoridade na gerência ou em um único departamento da empresa. Já a descentralização envolve a distribuição do poder e autoridade para vários departamentos ou colaboradores da empresa. Ambas as abordagens têm suas vantagens e proteção, e a escolha dependerá das necessidades específicas da empresa.

Flexibilidade

A flexibilidade é também se faz importante na organização empresarial, justamente por ajudar a empresa a se adaptar às mudanças do mercado e responder rapidamente às oportunidades e desafios. Envolve a criação de uma estrutura organizacional flexível que pode se adaptar rapidamente às mudanças nas condições do mercado e nas necessidades dos clientes.

Eficiência e eficácia

A eficiência e eficácia são dois princípios fundamentais da organização empresarial. A eficiência envolve a realização de tarefas e atividades de forma econômica e com o menor desperdício possível de recursos. Já a eficácia envolve a realização de tarefas e atividades de forma a alcançar os objetivos e metas da empresa.

Sendo assim, os princípios de organização empresarial são fundamentais para uma gestão empresarial eficaz. Eles ajudam a garantir que a empresa seja organizada de forma eficiente e eficaz e que os objetivos e metas sejam alcançados de forma consistente. A aplicação desses princípios requer um planejamento de cuidados e uma comunicação eficaz entre os colaboradores da empresa. Com a implementação adequada desses princípios, a empresa pode aumentar a sua eficiência e garantir seu resultado com qualidade.

ESTRUTURA ORGANIZACIONAL E SUA IMPORTÂNCIA NA EFICIÊNCIA E EFICÁCIA DA EMPRESA

A estrutura organizacional é uma das partes de mais relevância da gestão empresarial. Ela se refere à forma como as tarefas e responsabilidades são distribuídas dentro da empresa e como as pessoas se relacionam umas com as outras para alcançar os objetivos e metas da organização. A estrutura organizacional é um fator crítico na eficiência e eficácia da empresa. Agora, discutiremos a importância da estrutura organizacional e como ela pode impactar o desempenho da empresa.

Tipos de Estrutura Organizacional

Existem vários tipos de estrutura organizacional, cada um com suas próprias vantagens e proteção. Os principais tipos são:

Hierárquica ou Burocrática: É a estrutura organizacional mais comum. Nesse modelo, as funções são divididas em departamentos ou setores, e os funcionários são agrupados de acordo com sua especialidade e autoridade. A tomada de decisão é centralizada no topo da hierarquia.

Funcional: Nesse modelo, os funcionários são agrupados de acordo com sua função específica, como finanças, marketing, produção, etc. Os gerentes de cada departamento ou setor são responsáveis por tomar decisões e gerenciar seus funcionários.

Matricial: Nesse modelo, as pessoas são agrupadas em equipes multidisciplinares e temporárias, que são criadas para realizar projetos específicos. Essas equipes são lideradas por um gerente de projeto e os membros da equipe têm responsabilidades duplas, trabalhando em seu departamento original e no projeto em questão.

33

Importância da Estrutura Organizacional na Eficiência e Eficácia da Empresa

Aumento da eficiência: Uma estrutura organizacional adequada pode aumentar a eficiência da empresa, permitindo que os funcionários se concentrem em suas tarefas específicas e minimizando o tempo e o esforço forçado em tarefas não essenciais. Isso resulta em um fluxo de trabalho mais suave e rápido.

Melhoria na comunicação: Uma boa estrutura organizacional pode melhorar a comunicação entre os funcionários, departamentos e níveis hierárquicos, permitindo uma tomada de decisão mais rápida e uma melhor colaboração entre as equipes. Isso ajuda a garantir que as informações sejam compartilhadas de forma mais eficaz e que todos estejam cientes dos objetivos e metas da empresa.

Redução de conflitos: Uma estrutura organizacional apropriada, pode ajudar a reduzir conflitos na empresa, definindo claramente as funções e responsabilidades de cada funcionário e departamento. Isso ajuda a evitar a duplicação de esforços, a diminuição de conflitos de poder e a promoção de um ambiente de trabalho mais harmonioso.

Aumento da eficácia: Uma estrutura organizacional adequada pode aumentar a eficácia da empresa, permitindo que ela alcance seus objetivos e metas de forma mais efetiva. Isso ocorre por meio da alocação de recursos e tomada de decisão estratégica mais precisas.

Portanto, a estrutura organizacional é um elemento de muita relevância na gestão empresarial, pois ajuda a garantir a eficiência e eficácia das atividades da empresa. A estrutura organizacional define a maneira como as responsabilidades, autoridades e comunicações são distribuídas dentro da empresa, influenciando a forma como as decisões são tomadas, as atividades são coordenadas e as metas são alcançadas.

DEPARTAMENTALIZAÇÃO E SUA APLICAÇÃO NA ESTRUTURA ORGANIZACIONAL

A departamentalização é o processo de agrupar atividades e funções relacionadas em unidades organizacionais chamadas departamentos. É uma parte importante da estrutura organizacional de uma empresa, que determina como as tarefas são divididas e coordenadas dentro da organização. Discutiremos a departamentalização e sua aplicação na estrutura organizacional, destacando os principais tipos de departamentalização e suas vantagens e proteção.

Tipos de Departamentalização

Existem vários tipos de departamentalização, sendo os principais:

Departamentalização Funcional: Nesse tipo de departamentalização, as atividades são agrupadas de acordo com as funções específicas, como finanças, marketing, produção, recursos humanos, etc. Cada departamento é responsável por realizar as atividades relacionadas à sua área funcional e é liderado por um gerente funcional. A departamentalização funcional é comum em organizações de médio e grande porte, onde há uma especialização clara em diferentes áreas funcionais.

Departamentalização por Produto: Nesse tipo de departamentalização, as atividades são agrupadas de acordo com os produtos ou serviços oferecidos pela empresa. Cada departamento é responsável por um produto ou linha de produtos específicos e é liderado por um gerente de produto. Esse tipo de departamentalização é comum em empresas que oferecem uma ampla gama de produtos ou serviços e precisam de uma coordenação eficaz entre as diferentes linhas de produtos.

Departamentalização por Geografia: Nesse tipo, as atividades são agrupadas de acordo com as regiões geográficas em que a empresa atua, como países, regiões, estados, etc. Esse tipo é comum em empresas multinacionais ou que operam em várias regiões geográficas e precisam adaptar suas estratégias de acordo com as características de cada localidade.

Departamentalização por Cliente: Nesse conceito, as atividades são agrupadas de acordo com os diferentes segmentos de clientes atendidos pela empresa. Cada departamento é responsável por atender às necessidades de um segmento de cliente específico e é liderado por um gerente de cliente. Esse tipo de departamentalização é trivial em empresas que têm diferentes tipos de clientes, com necessidades distintas, e precisam adaptar suas estratégias para atendê-los de forma eficaz.

Vantagens e Desvantagens da Departamentalização

A departamentalização possui vantagens e cuidados, que devem ser considerados ao escolher o tipo de departamentalização mais adequado para uma empresa.

Vantagens:

Especialização: A departamentalização permite a especialização de atividades e funções, o que pode resultar em maior eficiência e qualidade nas operações, uma vez que os funcionários possuem expertise em suas áreas específicas. Cada departamento pode se dedicar exclusivamente às atividades relacionadas à sua função ou produto, o que pode levar a um maior nível de conhecimento e habilidades específicas.

Ela é um facilitador para a coordenação de atividades dentro de cada departamento de coordenação, uma vez que as atividades relacionadas estão agrupadas em uma mesma unidade organizacional. Isso pode levar a uma melhor comunicação interna, tomada de decisões mais rápidas e eficazes, e uma maior capacidade de resposta às mudanças do ambiente externo.

Foco: A departamentalização por produto, cliente ou geografia, por exemplo, permite um maior foco nas necessidades específicas desses segmentos. Cada departamento pode adaptar suas estratégias e operações de acordo com as características dos produtos, clientes ou regiões que estão sendo atendidas, o que pode levar a uma maior satisfação do cliente e vantagem competitiva.

Desenvolvimento de Liderança: A departamentalização também pode fornecer oportunidades de desenvolvimento de liderança, uma vez que cada departamento é liderado por um gerente responsável pela gestão das atividades relacionadas. Com isso, pode ajudar no crescimento e desenvolvimento de líderes internos, que podem se especializar em suas áreas de atuação e contribuir para o sucesso da organização como um todo.

Desvantagens:

Silos Organizacionais: O uso da departamentalização pode levar à formação de silos organizacionais, onde cada departamento opera de forma compreensiva, com sua própria cultura, objetivos e processos, podendo resultar em uma falta de comunicação e colaboração entre os departamentos, o que pode prejudicar a eficiência e eficácia da organização como um todo.

Dificuldade na Coordenação Interdepartamental: A coordenação entre os diferentes departamentos pode se tornar complexa e desafiadora, especialmente em organizações de grande porte ou com múltiplas unidades de negócios. A falta de integração e coordenação entre os departamentos pode resultar em conflitos de interesse, duplicação de esforços, e dificuldades na implementação de estratégias organizacionais.

Menor Flexibilidade: Outra desvantagem é resultar a uma menor flexibilidade e capacidade de resposta às mudanças do ambiente externo. Cada departamento pode se concentrar apenas em suas próprias atividades e pode ter dificuldades em se adaptar rapidamente a novas situações ou demandas do mercado, o que pode resultar em perda de oportunidades de negócios.

Dificuldades na Comunicação e Tomada de Decisões: A departamentalização também pode resultar em barreiras na comunicação e tomada de decisões, uma vez que as informações podem ser retidas ou limitadas dentro dos departamentos, promovendo uma tomada de decisões ineficiente e ineficaz, além de dificultar a disseminação de informações importantes para uma organização como um todo.

Logo, a departamentalização é um conceito importante da estrutura organizacional de uma empresa, podendo ter vantagens e proteção na sua eficiência e eficácia operacional. Em suma, a departamentalização é o processo de agrupar atividades ou funções semelhantes em departamentos ou unidades organizacionais, permitindo a especialização e a concentração de recursos em áreas específicas da empresa.

DELEGAÇÃO DE AUTORIDADE E RESPONSABILIDADE

A autoridade de autoridade e responsabilidade é um processo chave na gestão e liderança empresarial. É uma prática que permite aos líderes compartilhar tarefas, autoridade e responsabilidades com os membros de suas equipes, visando a eficiência, eficácia e desenvolvimento dos colaboradores. Exploraremos os conceitos e benefícios da dor, bem como os desafios e melhores práticas para implementá-la de forma efetiva em uma organização.

Conceitos de Delegação de Autoridade e Responsabilidade

A ameaça de autoridade refere-se à transferência de poder e tomada de decisões de um líder para um membro de sua equipe. Isso implica em conceder a um funcionário a autoridade necessária para tomar decisões em nome do líder, dentro dos limites e diretrizes. A autoridade pode envolver a tomada de decisões, a alocação de recursos, a definição de metas e a responsabilidade pela realização de tarefas específicas.

Por outro lado, a responsabilidade está relacionada à obrigação de um colaborador de cumprir as tarefas e metas atribuídas a ele. Quando a autoridade é delegada, também é atribuída a responsabilidade correspondente pela execução e resultados das tarefas. Isso significa que o colaborador se torna responsável pelo desempenho das atividades delegadas, prestando contas ao líder pelos resultados alcançados.

Benefícios da Delegação de Autoridade e Responsabilidade

A ameaça de autoridade e responsabilidade pode trazer uma

série de benefícios para a organização, para o líder e para os colaboradores, tais como:

Aumento da eficiência e produtividade: Ao delegar tarefas e autoridade, o líder pode liberar sua carga de trabalho e concentrar-se em atividades estratégicas e de alto nível. Os colaboradores, por sua vez, têm a oportunidade de contribuir com suas habilidades e conhecimentos para o alcance dos objetivos da organização, o que pode levar a um aumento da eficiência e produtividade.

Desenvolvimento de habilidades e competências: É de extrema importância na delegação de autoridades dentro de uma organização. Quando os gestores são capazes de identificar e aprimorar suas habilidades de liderança, comunicação, tomada de decisão e gestão de equipes, eles se tornam mais aptos a delegar autoridade de forma eficaz. Ao delegar tarefas e responsabilidades, é necessário confiar nas habilidades e competências dos membros da equipe, permitindo que eles assumam autonomia e tomem decisões dentro de suas áreas de atuação. O desenvolvimento dessas habilidades e competências não apenas fortalece a equipe, mas também libera o gestor para se concentrar em questões estratégicas e de alto nível, promovendo um ambiente de trabalho mais produtivo e capacitando os colaboradores a se desenvolverem profissionalmente.

Melhoria do clima organizacional: A confiança também pode contribuir para um clima organizacional mais saudável, baseado na confiança e no respeito mútuo. Quando os líderes confiam em seus colaboradores e lhes atribuem autoridade e responsabilidade, isso pode fortalecer os laços de trabalho em equipe e criar um ambiente colaborativo, onde os colaboradores se sentem valorizados e empoderados.

Tomada de decisões mais ágil e flexível: A delegação de autoridade, permite que as decisões sejam tomadas mais rapidamente, uma vez que não ficam centralizadas apenas no líder. Isso pode possibilitar uma tomada de decisões mais ágil e flexível, o que é especialmente importante em um ambiente de negócios dinâmico e em constante mudança. Quando a autoridade e responsabilidade são descentralizadas e compartilhadas com outros membros da equipe, permite-se uma maior autonomia e empoderamento, o que pode resultar em uma tomada de decisões mais rápida e eficiente.

Desta forma, conclui-se que a carga de autoridade e responsabilidade traz uma série de benefícios para a gestão empresarial. Permite uma distribuição mais eficiente do trabalho, promove o desenvolvimento de habilidades e competências dos membros da equipe, proporciona maior agilidade na tomada de decisões, estimula a inovação e a criatividade, e possibilita uma maior flexibilidade para enfrentar os desafios do ambiente de negócios em constante mudança. No entanto, é importante que a vontade seja feita de forma equilibrada, com uma comunicação clara e eficaz, e acompanhamento adequado para garantir a eficácia das decisões tomadas. A descentralização de autoridade e responsabilidade pode contribuir para o crescimento e sucesso de uma empresa, ao capacitar os membros da equipe e promover um ambiente de trabalho mais colaborativo e engajador.

PROCESSO DE TOMADA DE DECISÃO NA ORGANIZAÇÃO

A tomada de decisão é uma atividade fundamental em qualquer organização empresarial. Os líderes e gestores são responsáveis por tomar uma série de decisões diariamente, desde questões operacionais até estratégicas, que impactam diretamente o desempenho e os resultados da empresa. Portanto é muito importante conhecer o processo de tomada de decisão na organização, suas etapas e considerações importantes para uma tomada de decisão eficaz.

Importância da Tomada de Decisão na Organização

A tomada de decisão é um processo crítico para o sucesso de uma organização. Ela permite aos líderes escolherem o melhor curso de ação entre várias opções disponíveis, considerando os objetivos, recursos, riscos e oportunidades da organização. Uma tomada de decisão bem-sucedida pode levar a melhores resultados, maior competitividade e crescimento organizacional.

Além disso, a tomada de decisão é também uma forma de liderança, uma vez que os líderes são responsáveis por definir o rumo e o futuro da organização, e suas decisões comandaram diretamente os membros da equipe e outras partes interessadas. Portanto, é essencial que os líderes sejam habilidosos na tomada de decisões e compreendam o processo envolvido.

Processo de Tomada de Decisão

O processo de tomada de decisão pode variar de acordo com a organização e o contexto específico da decisão a ser tomada, mas geralmente envolve as seguintes etapas:

Identificação do problema ou oportunidade: A primeira etapa do processo de tomada de decisão é identificar claramente o problema a ser resolvido ou a oportunidade a ser explorada. Isso envolve analisar a situação atual da organização, identificar as lacunas entre a situação atual e a desejada, e definir claramente o que precisa ser exatamente.

Coleta de informações: A próxima etapa é a coleta de todas informações relevantes para a decisão a ser tomada. Isso pode envolver a captação de dados, análise de relatórios, consulta a especialistas, pesquisa de mercado, entre outras fontes de informações que podem ajudar a embasar a tomada de decisão de forma fundamentada.

Análise e avaliação das opções: Nesta etapa, é importante analisar e avaliar as diferentes opções disponíveis para abordar o problema ou aproveitar a oportunidade identificada. Assim, pode-se realizar uma avaliação dos prós e contras de cada opção, considerando os riscos, benefícios, custos, recursos necessários e impactos potenciais.

Escolha da melhor opção: Com base na análise e avaliação das opções, é hora de escolher a melhor opção para uma organização empresarial. Isso envolve considerar os objetivos e estratégias de organização, a cultura organizacional, a disponibilidade de recursos e a viabilidade de implementação de cada opção.

Implementação da decisão: Após a escolha da melhor opção, é necessário implementar a decisão tomada, envolvendo assim, a definição de um plano de ação detalhado, alocação de recursos, atribuição de responsabilidades, estabelecimento de prazos e acompanhamento da execução, etc.

Assim, o processo de tomada de decisão é uma habilidade crítica na gestão empresarial. Envolve uma identificação e definição clara do problema, a geração de opções alternativas, a avaliação dos prós e contras de cada opção, a escolha da melhor opção com base em critérios definidos, a implementação da decisão e o monitoramento dos resultados obtidos. É um processo complexo e iterativo, que requer uma análise muito cautelosa, a consideração dos riscos e benefícios, e o envolvimento de membros relevantes da equipe. Uma tomada de decisão eficaz pode ter um impacto significativo nos resultados de uma empresa, enquanto uma tomada de decisão mal feita pode levar a consequências negativas.

Capítulo 4:

Liderança e Gestão de Pessoas

PAPEL DO LÍDER NA GESTÃO EMPRESARIAL

O papel do líder é fundamental na gestão empresarial, uma vez que ele exerce influência sobre as pessoas, direciona a equipe, toma decisões estratégicas e é responsável pelo alcance dos objetivos organizacionais. Agora, vamos explorar as principais funções e responsabilidades do líder na gestão empresarial e discutir a importância de uma liderança eficaz para o sucesso de uma organização.

Funções do Líder na Gestão Empresarial

Definição de Visão e Estratégias: Um dos principais papéis do líder na gestão empresarial é definir a visão, missão e estratégias da organização. O líder deve ter uma compreensão clara do ambiente de negócios, dos desafios e oportunidades, e ser capaz de definir uma visão de futuro para a empresa. Além disso, o líder também é responsável por estabelecer os objetivos estratégicos e organizacionais para alcançar essa visão.

Tomada de Decisões: A tomada de decisões é uma função crítica do líder na gestão empresarial. O líder deve ser capaz de analisar informações, avaliar riscos, considerar diferentes opções e tomar decisões fundamentadas para uma organização. Uma tomada de decisão eficaz é essencial para o sucesso de uma empresa, uma vez que as decisões tomadas pelo líder obtiveram o desempenho e os resultados da organização.

Gestão de Pessoas: O líder é responsável por liderar e gerenciar a equipe de trabalho. Essa tarefa envolve a contratação, treinamento, desenvolvimento e motivação dos funcionários, assim como a atribuição de tarefas e responsabilidades, avaliação de desempenho e feedback. Uma gestão de pessoas eficaz é fundamental para criar um ambiente de trabalho saudável, manter uma equipe engajada e garantir a produtividade e o desempenho da equipe.

Comunicação: A comunicação é uma habilidade essencial do líder na gestão empresarial. Ele deve ser capaz de se comunicar de forma clara e eficaz com a equipe, outros líderes, clientes, fornecedores e outras partes interessadas. A comunicação adequada e assertiva, é importante para transmitir a visão, estratégias e objetivos da organização, para resolver conflitos, motivar a equipe e garantir um fluxo de informação adequado dentro da empresa.

Desenvolvimento de Talentos: O líder também deve estar comprometido com o desenvolvimento de talentos dentro da organização. Essa atividade consiste em identificar o potencial dos funcionários, fornecer oportunidades de crescimento e desenvolvimento, orientar e capacitar a equipe. O desenvolvimento de talentos é importante para garantir a continuidade e o sucesso da organização a longo prazo, bem como para manter os funcionários engajados e motivados.

Monitoramento e Avaliação: O líder deve monitorar e avaliar constantemente o desempenho da organização, comparando-o com os objetivos e metas alcançados. Isso envolve uma análise de indicadores de desempenho, relatórios financeiros, feedback da equipe e outras fontes de informação relevantes. Com base na avaliação, o líder deve fazer ajustes necessários para garantir que a organização esteja no caminho certo para alcançar seus objetivos. O monitoramento e avaliação são partes essenciais do processo de gestão empresarial, pois permitem identificar áreas de melhoria, corrigir possíveis desvios e tomar decisões controladas para maximizar o desempenho da organização. Além disso, o feedback contínuo da equipe e a análise de indicadores de desempenho podem motivar os colaboradores, melhorar a comunicação interna e promover o aprendizado organizacional. O líder deve estar comprometido com o monitoramento e avaliação constante, sendo proativo na identificação de problemas e oportunidades de melhoria, e agindo de forma assertiva para garantir o progresso na direção dos objetivos alcançados.

Portanto, as funções do líder na gestão empresarial são cruciais para o sucesso da organização. O líder desempenha papéis fundamentais, como definir a visão, missão e valores da empresa, estabelecer objetivos e metas claras, tomar decisões estratégicas, desenvolver e motivar a equipe, promover a inovação e tecnologia, monitorar e avaliar o desempenho, entre outros. Um líder eficaz é aquele que inspira, orienta, delega, comunica, acompanha e promove uma evolução constante da organização. Através do exercício adequado de suas funções, o líder pode sustentar o crescimento e a sustentabilidade do negócio, mantendo-o competitivo em um ambiente empresarial motivado e desafiador.

TEORIAS E ESTILOS DE LIDERANÇA

A liderança é um elemento indispensável na gestão empresarial e existem várias teorias e estilos de liderança que têm sido discutidos e pensados ao longo dos anos. Vamos conhecer algumas das principais teorias de liderança, bem como os diferentes estilos de liderança que podem ser aplicados em um contexto empresarial.

Teorias de Liderança

As teorias de liderança são abordagens ou modelos que buscam compreender a natureza e os elementos da liderança. Ao longo dos anos, várias teorias foram desenvolvidas por estudiosos e grandes executivos para explicar como a liderança funciona e quais são os principais pontos determinantes do papel do líder. A seguir, vamos tomar ciência de algumas das teorias de liderança mais conhecidas e estudadas.

Teoria dos Traços: Essa teoria sugere que a liderança é inerente a certos traços de personalidade que os líderes possuem. Esses traços seriam características inatas e específicas que tornariam uma pessoa naturalmente capaz de liderar, tais como: autoconfiança, experiência, empatia, inteligência emocional, entre outros. No entanto, os críticos dessa teoria argumentam que a liderança não é apenas uma questão de traços pessoais, mas também de habilidades e comportamentos aprendidos.

Teoria Comportamental: Essa teoria enfatiza que a liderança é baseada em comportamentos específicos exibidos pelos líderes. Em outras palavras, a liderança não está vinculada a traços de personalidade, mas sim a ações e comportamentos específicos que um líder exibe. A teoria comportamental argumenta que qualquer pessoa pode se tornar um líder, desde que possua os comportamentos adequados, tais como: ser assertivo, orientar a equipe, comunicar-se de forma eficaz, tomar decisões, entre outros.

Teoria Situacional: Essa teoria sugere que a eficácia da liderança depende do contexto ou situação em que o líder está inserido. Ou seja, não há um estilo de liderança universalmente eficaz, mas o líder precisa adaptar seu estilo de liderança de acordo com as demandas e necessidades do ambiente em que está presente. A teoria situacional enfatiza a importância de ajustar a abordagem de liderança de acordo com as características da equipe, a cultura organizacional, a tarefa em questão e outras variáveis do contexto.

Teoria da Contingência: Essa teoria é uma evolução da teoria situacional e sugere que a eficácia da liderança depende de uma série de contingências, ou seja, fatores que podem influenciar a forma como um líder supervisiona e avalia sua equipe. Essas contingências podem incluir a personalidade dos seguidores, a natureza da tarefa, o ambiente de trabalho, o poder e a posição do líder, entre outros. A teoria da contingência destaca que não há um estilo único de liderança que seja eficaz em todas as situações, e o líder precisa ser flexível e adaptável para atender às necessidades específicas de cada contexto.

Teoria da Liderança Transformacional: Essa teoria implica que os líderes transformacionais são capazes de inspirar e motivar seus seguidores a alcançar níveis mais altos de desempenho e crescimento. Os líderes transformacionais são caracterizados por sua visão inspirada, habilidades de comunicação persuasiva, empatia, carisma e capacidade de desenvolver e incentivar o potencial dos membros da equipe. A teoria da liderança transformacional destaca a importância do líder como agente de mudança e transformação, capaz de criar uma cultura organizacional positiva e inspiradora.

Em suma, as teorias de liderança são ferramentas valiosas que auxiliam na compreensão do papel do líder na gestão empresarial. Elas fornecem *insights* e estratégias para desenvolver líderes eficazes, que podem motivar e guiar suas equipes rumo ao alcance dos objetivos organizacionais. É importante que os líderes compreendam e apliquem as teorias de liderança de forma adaptativa, levando em consideração o contexto e a cultura da organização, bem como as características e necessidades dos seus liderados. A liderança eficaz é um elemento crucial para o sucesso de uma organização, e a compreensão das teorias de liderança pode ser um recurso valioso na busca pela excelência na gestão empresarial.

Estilos de Liderança

Liderança é uma habilidade fundamental em muitos aspectos da vida, seja no ambiente de trabalho, na vida acadêmica ou em organizações sem fins lucrativos. Existem diferentes estilos de liderança e cada um tem suas próprias vantagens e proteção. Portanto, vamos conhecer os principais estilos de liderança e suas características.

Liderança autocrática: O estilo de liderança autocrático é caracterizado por um líder que toma todas as decisões e controla completamente a equipe. O líder autocrático não consulta os membros da equipe e não delega autoridade. Esse estilo de liderança pode ser eficaz em situações de crise, quando as decisões precisam ser tomadas rapidamente. No entanto, uma liderança autocrática pode levar a uma cultura de medo e falta de motivação entre os membros da equipe.

Liderança democrática: O estilo de liderança democrática é aquele em que o líder envolve a equipe em todas as decisões importantes e delega autoridade aos membros da equipe. Esse costume de liderar é eficaz em situações em que é necessário construir consenso e obter compromisso. A liderança democrática pode criar um ambiente de trabalho positivo, com um senso de equipe forte e uma cultura de respeito mútuo.

Liderança *laissez-faire*: O estilo de liderança *laissez-faire* é aquele em que o líder delega muita autoridade à equipe e oferece pouca orientação ou direção. Esse modelo de liderança pode ser eficaz em situações em que uma equipe é altamente qualificada e auto motivada. No entanto, uma liderança *laissez-faire* pode levar a uma falta de direção clara e pode ser ineficaz em situações em que uma equipe precisa de orientação e suporte.

Liderança transformacional: O estilo de liderança transformacional é aquele em que o líder inspira e motiva a equipe a alcançar objetivos mais elevados. Essa postura de liderança é eficaz em situações em que a equipe precisa de uma visão clara e de um senso de propósito. A liderança transformacional pode criar uma cultura de inovação e criatividade, mas pode exigir muito tempo e esforço do líder para inspirar e motivar a equipe.

Liderança transacional: O estilo de liderança transacional é aquele em que o líder define metas claras e recompensas ou recompensas para o desempenho da equipe. Esse tipo de liderança é eficaz em situações em que a equipe precisa de incentivos claros para alcançar seus objetivos. A liderança transacional pode ser eficaz em ambientes competitivos, mas pode levar a uma cultura de "o que é preciso para obter a recompensa", em vez de focar na qualidade do trabalho.

Desta forma, cada estilo de liderança tem suas próprias vantagens e proteção, e não existe um estilo de liderança único que funcione em todas as situações. O líder deve adaptar seu estilo de liderança à situação e à equipe que está liderando. Um líder eficaz deve ter a capacidade de mudar de um estilo de liderança para outro, dependendo das necessidades da equipe e da organização.

GESTÃO DE EQUIPES DE TRABALHO E CONSTRUÇÃO DE UMA CULTURA ORGANIZACIONAL POSITIVA.

A gestão de equipes de trabalho e a construção de uma cultura organizacional positiva são aspectos críticos para o sucesso de qualquer organização. Agora, estudaremos sobre as melhores práticas para gerenciar equipes e construir uma cultura organizacional positiva.

Comunicação clara e eficaz: A comunicação clara e eficaz é a chave para o sucesso de qualquer equipe. Um líder deve se comunicar de forma clara e aberta com sua equipe, fornecendo feedback regularmente e ouvindo atentamente as preocupações e ideias da equipe. A comunicação deve ser uma via de mão dupla, com os membros da equipe sentindo-se confortável para expressar suas opiniões e ideias livremente.

Definição de objetivos e metas claras: Definir objetivos e metas claras é fundamental para o sucesso de qualquer equipe. Um líder deve garantir que a equipe entenda claramente as metas e objetivos da organização, bem como seu papel na realização desses objetivos. A definição de objetivos claros ajuda a equipe a se concentrar em tarefas importantes e a trabalhar de forma mais eficiente.

Desenvolvimento de habilidades e treinamento: O desenvolvimento de habilidades e treinamento são críticos para o sucesso de qualquer equipe. Os membros da equipe devem ter as habilidades necessárias para realizar seu trabalho de forma eficaz, e um líder deve fornecer treinamento regular para desenvolver essas habilidades. O desenvolvimento contínuo de habilidades também ajuda a manter uma equipe motivada e engajada.

Reconhecimento e recompensa: O reconhecimento e a recompensa são importantes para manter uma equipe motivada e engajada. Um líder deve reconhecer e recompensar o desempenho excepcional da equipe, seja por meio de elogios, bônus ou outras formas de reconhecimento. O reconhecimento e a recompensa ajudam a criar uma cultura de trabalho positiva e motivada.

Promoção de um ambiente de trabalho positivo: Um líder deve promover um ambiente de trabalho positivo, onde os membros da equipe se sintam valorizados e respeitados. Isso pode ser alcançado por meio de políticas e práticas que promovem a diversidade e a inclusão, além de garantir que a equipe tenha um equilíbrio adequado entre vida pessoal e profissional. O líder deve garantir que a equipe sinta que seu trabalho é valorizado e importante para uma organização empresarial.

Portanto, A gestão de equipes de trabalho e a construção de uma cultura organizacional positiva são fundamentais para o sucesso de qualquer organização. Para alcançar esses objetivos, é essencial que um líder promova uma comunicação clara e eficaz, defina objetivos claros, desenvolva habilidades e treinamento, reconheça e recompense o desempenho excepcional, promova a diversidade e a inclusão, além de garantir um ambiente de trabalho saudável e equilibrado. Ao criar uma cultura organizacional positiva, a equipe se torna mais motivada e engajada, o que leva ao sucesso de longo prazo da organização.

MOTIVAÇÃO E ENGAJAMENTO DOS COLABORADORES.

A motivação e o engajamento dos colaboradores são fundamentais para o sucesso de uma organização. Colaboradores motivados e engajados são mais produtivos, têm um melhor desempenho e são mais tolerantes a permanecer na empresa por um longo período de tempo. A partir de agora, discutiremos como um líder pode motivar e engajar sua equipe de trabalho.

Comunicação clara e eficaz: Uma comunicação clara e eficaz é fundamental para motivar e engajar os colaboradores. Um líder deve garantir que a equipe entenda os objetivos e metas da empresa, bem como seus papéis e responsabilidades. Além disso, um líder deve estar aberto para ouvir e responder às preocupações e ideias da equipe.

Definição de objetivos claros: Um líder deve definir objetivos claros e alcançáveis para a equipe. Esses objetivos devem ser específicos, mensuráveis, atingíveis, relevantes e com um prazo determinado. Quando os colaboradores têm objetivos claros e alcançáveis, eles são mais motivados a trabalhar duro e se esforçar para alcançá-los.

Desenvolvimento de habilidades e treinamento: Um líder deve fornecer treinamento e desenvolvimento contínuo para a equipe. Isso pode incluir treinamento em habilidades técnicas, bem como habilidades de liderança e comunicação. Quando os colaboradores sentem que estão aprendendo e crescendo em sua função, eles são mais motivados e engajados.

Reconhecimento e recompensa: O reconhecimento e a recompensa do desempenho excepcional são importantes para motivar e engajar os colaboradores. Um líder deve reconhecer publicamente o bom desempenho da equipe e fornecer recompensas, como bônus ou promoções, quando apropriado.

Promover um ambiente de trabalho saudável: Um líder deve promover um ambiente de trabalho saudável e equilibrado. Isso pode incluir políticas de flexibilidade de horário de trabalho, licenças remuneradas e programas de bem-estar que ajudam os colaboradores a gerenciar o estresse e a manter uma vida saudável.

Promova a diversidade e a inclusão: Um líder deve promover a diversidade e a inclusão em toda a empresa. Isso significa garantir que uma equipe reflita a diversidade da sociedade em que atue e crie políticas e práticas que promovam a inclusão de todos os colaboradores, independentemente de sua raça, gênero, orientação sexual, idade ou religião.

Encorajar a participação dos colaboradores: Um líder deve encorajar a participação ativa dos colaboradores na tomada de decisões da empresa. Isso pode incluir grupos de trabalho, reuniões de equipe e programas de sugestões de melhorias. Quando os colaboradores se envolvimento na tomada de decisões da empresa, eles se sentem mais valorizados e engajados em seu trabalho. Além disso, suas contribuições podem levar a ideias inovadoras e soluções criativas para desafios enfrentados pela empresa.

Assim sendo, a motivação e engajamento dos colaboradores são aspectos fundamentais para o sucesso de uma empresa. Quando os colaboradores estão motivados e engajados, eles são mais produtivos, criativos e comprometidos com os objetivos da empresa. Além disso, colaboradores motivados e engajados tendem a ter maior satisfação no trabalho, o que leva a menor rotatividade e maior retenção de talentos. Para promover a motivação e o engajamento dos colaboradores, um líder pode adotar práticas como comunicação aberta e transparente, reconhecimento e recompensa pelo desempenho, oportunidades de desenvolvimento e crescimento profissional, e envolvimento dos colaboradores na tomada de decisões da empresa.

DESENVOLVIMENTO DE HABILIDADES DE LIDERANÇA

O desenvolvimento de habilidades de liderança é essencial para aqueles que buscam se tornar líderes eficazes em suas organizações. As habilidades de liderança são cruciais em todas as áreas da vida, não apenas no ambiente de trabalho, e podem ser aprimoradas por meio de treinamento, aprendizado e prática.

A liderança pode ser definida como a capacidade de influenciar, motivar e guiar os outros em direção a um objetivo comum. Isso pode ser feito por meio de uma combinação de habilidades, incluindo comunicação eficaz, resolução de conflitos, tomada de decisão, gerenciamento de tempo, empatia e inteligência emocional.

Uma das melhores maneiras de desenvolver habilidades de liderança é por meio de programas de treinamento e educação. Esses programas podem variar de cursos de curta duração a programas de graduação e pós-graduação em liderança e gestão. Eles podem incluir palestras, workshops, sessões de coaching e outras atividades que ajudam os indivíduos a desenvolver habilidades específicas.

Outra maneira de desenvolver habilidades de liderança é por meio da prática. Isso pode ser alcançado por meio de oportunidades de liderança em projetos ou organizações ou por meio de posições de liderança em grupos voluntários. Ao liderar um grupo, os indivíduos podem praticar suas habilidades de liderança em um ambiente seguro e desafiador.

A leitura também pode ser uma ferramenta útil para o desenvolvimento de habilidades de liderança. Livros e artigos sobre liderança podem fornecer insights e estratégias para melhorar a comunicação, a tomada de decisão e outras habilidades importantes. A leitura é especialmente benéfica para aqueles que têm menos oportunidades de liderança no momento, mas desejam desenvolver suas habilidades de liderança para futuras oportunidades.

Além disso, a autorreflexão e a busca por feedback podem ajudar a desenvolver habilidades de liderança. Ao avaliar seu próprio desempenho como líder e buscar feedback de colegas e subordinados, os indivíduos podem identificar áreas em que precisam melhorar e trabalhar ativamente para desenvolver essas habilidades.

Em síntese, o desenvolvimento de habilidades de liderança é uma jornada contínua que requer esforço e dedicação. Por meio de programas de treinamento, prática, leitura, autorreflexão e feedback, os indivíduos podem aprimorar suas habilidades de liderança e se tornarem líderes mais eficazes e inspirados.

Capítulo 5:

Gestão de Processos e Qualidade

CONCEITO DE PROCESSO E SUA IMPORTÂNCIA NA GESTÃO EMPRESARIAL

O conceito de processo é uma das principais bases da gestão empresarial moderna. Um processo pode ser definido como um conjunto de atividades inter-relacionadas e coordenadas que transformam entradas em saídas, com o objetivo de gerar valor para os clientes e/ou para a empresa. Em outras palavras, um processo é uma sequência lógica de atividades que visam alcançar um objetivo específico.

A gestão por processos é uma abordagem que enfatiza a importância de se entender, mapear, melhorar e melhorar os processos de uma empresa como forma de otimizar seu desempenho e atingir seus objetivos estratégicos. Essa abordagem é baseada em três pilares: o foco no cliente, a melhoria contínua e a gestão baseada em fatos.

Já foco no cliente significa que os processos devem ser desenhados e executados com base nas necessidades e expectativas dos clientes. Isso implica em entender as expectativas dos clientes, mensurar sua satisfação e buscar constantemente formas de melhorar a experiência do cliente com a empresa.

O processo de melhoria contínua tem como intuito, buscar constantemente formas de aprimorar os processos, eliminando desperdícios, estimulando o tempo de ciclo, aumentando a eficiência e eficácia das atividades, alcançando níveis cada vez mais altos de desempenho.

A gestão baseada em fatos significa que as decisões devem ser inspiradas em dados e fatos, e não em opiniões ou suposições. Isso implica em medir e monitorar constantemente os processos, analisando os dados e identificando oportunidades de melhoria.

Podemos citar também a gestão por processos, que consiste

em uma abordagem que pode trazer diversos benefícios para as empresas, como a melhoria da qualidade dos produtos e serviços, a redução de custos, a otimização de processos, a maior satisfação dos clientes e dos colaboradores, entre outros.

Para implementar uma gestão por processos efetivos, é necessário adotar algumas práticas, como o mapeamento e análise dos processos existentes, a definição de indicadores de desempenho, a identificação e eliminação de desperdícios, a padronização das atividades, o treinamento dos colaboradores, o envolvimento dos colaboradores na melhoria dos processos, entre outros.

Em resumo, o conceito de processo é fundamental para a gestão empresarial moderna, pois permite uma abordagem sistêmica e integrada dos processos, visando atender às necessidades e expectativas dos clientes, melhorar o desempenho da empresa e alcançar seus objetivos estratégicos. A gestão por processos é uma abordagem que enfatiza o foco no cliente, a melhoria contínua e a gestão baseada em fatos, e pode trazer diversos benefícios para as empresas.

IDENTIFICAÇÃO E MAPEAMENTO DE PROCESSOS.

A identificação e mapeamento de processos é uma das etapas essenciais para a implementação da gestão por processos em uma empresa. O objetivo dessa etapa é entender e documentar como os processos são executados na empresa, identificando oportunidades de melhoria e definindo indicadores de desempenho para medir o desempenho dos processos.

O primeiro passo para a identificação de processos é definir quais são os processos críticos da empresa, ou seja, aqueles que têm maior impacto nos resultados da empresa e/ou na satisfação dos clientes. É importante envolver os colaboradores que executam os processos nesse processo de identificação, para que haja uma compreensão compartilhada dos processos e de suas intuitivas.

Com os processos críticos identificados, é necessário mapear o fluxo de atividades de cada processo, desde o início até o fim. Esse mapeamento deve incluir informações como as atividades realizadas em cada etapa, os responsáveis por cada atividade, as entradas e saídas de cada atividade, as interfaces com outros processos, os prazos, entre outras informações relevantes.

Uma ferramenta bastante utilizada no mapeamento de processos é o diagrama de fluxo, que permite visualizar de forma clara e simples o fluxo de atividades de cada processo. Existem diferentes tipos de diagramas de fluxo, como o fluxograma de processo, o diagrama de Ishikawa e o diagrama de Pareto, cada um com suas características e finalidades específicas.

Com o mapeamento dos processos realizados, é possível identificar pontos de melhoria e oportunidades de otimização dos processos. Por exemplo, pode ser identificado que há atividades redundantes ou que não agregam valor ao processo, gargalos que impedem o fluxo do processo, falta de padronização nas atividades, entre outras questões.

Além disso, o mapeamento de processos permite definir indicadores de desempenho para medir o desempenho dos processos e acompanhar sua evolução ao longo do tempo. Esses indicadores devem estar alinhados aos objetivos estratégicos da empresa e serem relevantes para a melhoria dos processos e para a satisfação dos clientes.

Sendo assim, a identificação e mapeamento de processos é uma etapa fundamental para a implementação da gestão por processos em uma empresa. Essa etapa permite entender como os processos são executados na empresa, identificar pontos de melhoria e oportunidades de otimização, definir indicadores de desempenho e acompanhar a evolução dos processos ao longo do tempo. É importante envolver os colaboradores que executam os processos nesse processo de identificação e mapeamento, para que haja uma compreensão compartilhada dos processos e de suas emoções.

ANÁLISE E MELHORIA DE PROCESSOS

A análise e melhoria de processos é uma etapa extremamente importante da gestão por processos em uma empresa. O objetivo dessa etapa é identificar oportunidades de melhoria nos processos, reduzir custos, aumentar a eficiência, melhorar a qualidade do produto ou serviço, e garantir a satisfação dos clientes.

Existem diferentes técnicas e ferramentas que podem ser utilizadas na análise e melhoria de processos, como o PDCA (Plan, Do, Check, Act), o DMAIC (Define, Measure, Analyze, Improve, Control), o fluxograma, o mapa de processos, entre outras.

Uma das primeiras etapas da análise e melhoria de processos é a identificação dos problemas e oportunidades de melhoria nos processos. Isso pode ser feito através da análise de dados, feedback dos clientes, análise de indicadores de desempenho, entre outras formas. É importante envolver os colaboradores que executam os processos nesse processo de identificação, para que haja uma compreensão compartilhada dos problemas e oportunidades de melhoria.

Com os problemas e oportunidades de melhoria identificados, é necessário definir uma abordagem para a resolução desses problemas e implementação de melhorias. O PDCA e o DMAIC são duas abordagens muito utilizadas para esse fim. O PDCA envolve a definição de um plano de ação, execução desse plano, monitoramento dos resultados e ajustes necessários. Já o DMAIC envolve a definição do problema, medição do desempenho atual, análise das raízes das causas, implementação de soluções e controle do processo.

Durante a implementação das melhorias, é importante garantir que todos os envolvidos nos processos estejam cientes das mudanças e treinados para executá-las de forma correta. É importante também monitorar os resultados e avaliar se as melhorias implementadas estão realmente trazendo os benefícios esperados.

Por fim, é importante estabelecer um sistema de monitoramento e controle para garantir a sustentabilidade das melhorias integradas. Isso envolve a definição de indicadores de desempenho relevantes para o processo, o monitoramento regular desses indicadores, a identificação de desvios e a implementação de ações corretivas.

Desta forma, a análise e melhoria de processos é uma etapa vital da gestão por processos em uma empresa. Essa etapa envolve a identificação de problemas e oportunidades de melhoria nos processos, a definição de uma abordagem para resolução desses problemas e implementação de melhorias, a implementação das melhorias com envolvimento dos colaboradores e monitoramento dos resultados, e o estabelecimento de um sistema de monitoramento e controle para garantir a sustentabilidade das melhorias integradas.

GESTÃO DA QUALIDADE E SUA APLICAÇÃO NA EMPRESA.

A gestão da qualidade é uma abordagem estratégica que tem como objetivo atender às expectativas dos clientes, melhorar a eficiência e eficácia dos processos, e garantir a sustentabilidade da empresa no longo prazo. Essa abordagem é baseada em princípios como a busca contínua pela excelência, o foco no cliente, a gestão baseada em fatos e dados, a liderança, a melhoria contínua, entre outros.

A aplicação da gestão da qualidade em uma empresa envolve a definição de processos, a identificação de oportunidades de melhoria, a implementação de ações corretivas e preventivas, a medição do desempenho e o monitoramento da satisfação do cliente. Para isso, a empresa deve contar com uma equipe de profissionais qualificados e comprometidos com a qualidade, além de sistemas de informação e tecnologias que garantam a gestão eficaz dos processos.

A implementação da gestão da qualidade pode ser feita através da adoção de um modelo de referência, como a ISO 9001, que é uma norma internacional para a gestão da qualidade. A implementação da ISO 9001 envolve a definição de um sistema de gestão da qualidade, que deve ser documentado e implementado em toda a empresa. Esse sistema deve contemplar a definição de processos, procedimentos, indicadores de desempenho, treinamentos, auditorias internas, entre outros elementos.

Um dos principais benefícios da implementação da gestão da qualidade é a melhoria na satisfação do cliente. Isso é alcançado através da melhoria da qualidade dos produtos e serviços, do atendimento aos requisitos dos clientes, do cumprimento dos prazos de entrega e da redução de reclamações e devoluções. Além disso, a gestão da qualidade também pode trazer benefícios como redução de custos, melhoria da eficiência e eficácia dos processos, melhoria do ambiente de trabalho, valorização dos colaboradores e melhoria da imagem da empresa perante o mercado.

Portanto, a gestão da qualidade é uma abordagem estratégica que busca garantir a excelência dos processos e a satisfação dos clientes. A sua aplicação na empresa envolve a definição de processos, a identificação de oportunidades de melhoria, a implementação de ações corretivas e preventivas, a medição do desempenho e o monitoramento da satisfação do cliente. A implementação da gestão da qualidade pode ser feita através da adoção de um modelo de referência, como a ISO 9001, e pode trazer benefícios como a melhoria da satisfação do cliente, a redução de custos, a melhoria da eficiência e eficácia dos processos, entre outros.

FERRAMENTAS DE GESTÃO DA QUALIDADE, COMO O CICLO PDCA (*PLAN, DO, CHECK, ACT*) E O *SIX SIGMA.*

Existem diversas ferramentas de gestão da qualidade que podem ser utilizadas para garantir a excelência dos processos e a satisfação dos clientes. Duas das mais populares são o ciclo PDCA e *Six Sigma.*

O ciclo PDCA (*Plan, Do, Check, Act*) é uma metodologia que consiste em quatro etapas inter-relacionadas. A primeira etapa, *Plan*, envolve a identificação do problema, a definição dos objetivos e a elaboração de um plano de ação. A segunda etapa, *Do*, envolve a implementação do plano de ação e a coleta de dados. A terceira etapa, *Check*, envolve a análise dos dados coletados e a verificação dos resultados obtidos. A última etapa, *Act*, envolve a adoção das medidas necessárias para melhorar o processo e a padronização das ações corretivas. O ciclo PDCA é uma ferramenta simples e eficaz para a melhoria contínua dos processos, e pode ser aplicado em qualquer área da empresa.

Já o *Six Sigma* é uma metodologia que tem como objetivo reduzir a variabilidade dos processos e eliminar defeitos, através da aplicação de ferramentas estatísticas e da definição de metas de qualidade. A metodologia *Six Sigma* consiste em cinco etapas: definição do problema, mensuração, análise, melhoria e controle.

- A definição do problema envolve a identificação do processo a ser melhorado e a definição dos objetivos de qualidade.
- A mensuração envolve a coleta de dados e a identificação dos fatores que influenciam o processo.
- A análise envolve uma aplicação de ferramentas estatísticas para identificar as causas dos problemas.

- A melhoria envolve a definição de soluções e a implementação das mesmas.
- O controle envolve a monitorização do processo para garantir que as melhorias sejam mantidas ao longo do tempo.

Ambas as ferramentas de gestão da qualidade, ciclo PDCA e *Six Sigma*, são eficazes na melhoria dos processos e na garantia da satisfação do cliente. A escolha da ferramenta a ser utilizada vai depender das características do processo e da cultura organizacional da empresa. É importante que a empresa conte com profissionais capacitados e comprometidos com a qualidade, além de sistemas de informação e tecnologias que garantam a gestão eficaz dos processos. A aplicação dessas ferramentas pode trazer benefícios como redução de custos, melhoria da eficiência e eficácia dos processos, melhoria do ambiente de trabalho, valorização dos colaboradores e melhoria da imagem da empresa perante o mercado.

Capítulo 6:

Gestão Financeira e Contábil

PRINCÍPIOS DE GESTÃO FINANCEIRA E SUA RELAÇÃO COM A GESTÃO EMPRESARIAL.

A gestão financeira é uma área crucia para o sucesso de qualquer empresa, independentemente do seu porte ou segmento de atuação. Ela consiste na administração dos recursos financeiros da empresa, incluindo o controle das receitas, despesas, investimentos e fluxo de caixa. Os princípios de gestão financeira são fundamentais para garantir a saúde financeira da empresa e, consequentemente, a sua sobrevivência no mercado.

O primeiro princípio da gestão financeira é o controle do fluxo de caixa. O fluxo de caixa é a entrada e saída de dinheiro da empresa e sua gestão é fundamental para garantir que a empresa tenha recursos para honrar seus compromissos e investir em seu crescimento. É necessário registrar todas as receitas e despesas, planejar os gastos e monitorar constantemente o fluxo de caixa.

O segundo princípio é o planejamento financeiro. Planejamento financeiro é a definição dos objetivos financeiros da empresa e o estabelecimento de estratégias para alcançá-los. Nele, envolve a definição de orçamentos, previsão de vendas e fluxo de caixa, e identificação de oportunidades de investimentos.

O terceiro princípio é a gestão de riscos financeiros. A gestão de riscos financeiros envolve a identificação e avaliação dos riscos que a empresa pode enfrentar, tais como variações cambiais, taxas de juros, estabilidade econômica, entre outros. É importante que a empresa adote medidas para minimizar esses riscos, tais como o uso de instrumentos financeiros, como os seguros e os *hedges*.

O quarto princípio é a gestão de investimentos. A gestão de investimentos envolve a definição de estratégias de

71

investimentos que ocorrem à empresa para obter retornos financeiros positivos. É importante que a empresa avalie cuidadosamente os riscos e benefícios de cada investimento, levando em consideração a rentabilidade, o prazo e a liquidez dos ativos.

Por fim, o quinto princípio é a transparência financeira. A transparência financeira é a disponibilização das informações financeiras da empresa para todos os interessados, sejam eles investidores, colaboradores, clientes ou fornecedores. Isso inclui a elaboração de relatórios financeiros claros e objetivos, que reflitam a situação real financeira da empresa.

A gestão financeira é essencial para a gestão empresarial, pois permite à empresa tomar decisões estratégicas com base em informações financeiras desenvolvidas e aprimoradas. A falta de uma gestão financeira eficiente pode levar a empresa a enfrentar problemas como a falta de recursos para honrar seus compromissos, a perda de dignidade perante o mercado e a inviabilização do seu negócio. Por isso, é fundamental que a empresa conte com profissionais capacitados e sistemas de informação adequados para garantir uma gestão financeira eficiente.

ANÁLISE FINANCEIRA, INCLUINDO ANÁLISE DE BALANÇOS, ÍNDICES FINANCEIROS E FLUXO DE CAIXA.

A análise financeira é uma ferramenta interessante para a gestão empresarial, pois permite avaliar a saúde financeira da empresa e identificar oportunidades de melhoria. Existem diferentes métodos de análise financeira, sendo os mais comuns a análise de balanços, índices financeiros e fluxo de caixa.

A análise de balanços é uma técnica que envolve a avaliação das finanças financeiras da empresa, como o balanço patrimonial, a demonstração de resultado do exercício e a demonstração de fluxo de caixa. O objetivo da análise de balanços é avaliar a saúde financeira da empresa, sua capacidade de gerar lucros e sua capacidade de honrar seus compromissos.

Os índices financeiros são uma forma de análise que envolve a comparação de diferentes números e relações entre os itens das finanças da empresa. Os índices financeiros mais comuns incluem a economia, a rentabilidade, a alavancagem financeira e a eficiência operacional. Esses índices permitem avaliar a saúde financeira da empresa de forma mais detalhada, identificando pontos fortes e satisfatórios e oportunidades de melhoria.

O fluxo de caixa é uma ferramenta fundamental para a análise financeira, pois permite avaliar a entrada e saída de recursos financeiros da empresa em um determinado período. A análise do fluxo de caixa permite identificar a origem e o destino dos recursos financeiros, bem como as suas variações ao longo do tempo. Essa análise permite avaliar a capacidade da empresa de gerar caixa, honrar seus compromissos e realizar investimentos.

A análise financeira é meritória para a gestão empresarial, pois permite avaliar a saúde financeira da empresa e identificar oportunidades de melhoria. Com base nas informações geradas pela análise financeira, a empresa pode tomar decisões estratégicas, como a elaboração de orçamentos, a definição de metas financeiras e a escolha de investimentos. Por isso, é fundamental que a empresa conte com profissionais capacitados e sistemas de informação adequados para realizar uma análise financeira eficiente e precisa.

ORÇAMENTO EMPRESARIAL E SUA IMPORTÂNCIA NA GESTÃO FINANCEIRA.

O orçamento empresarial é um instrumento de muita relevância para a gestão financeira da empresa, pois permite o planejamento e o controle das atividades financeiras e operacionais. Ele consiste em uma estimativa financeira para um determinado período, geralmente um ano, e contempla as receitas e despesas esperadas da empresa.

A elaboração do orçamento empresarial envolve uma análise cuidadosa dos dados históricos da empresa e das projeções futuras de mercado. Esse processo permite que a empresa identifique seus pontos fortes e fracos e defina metas claras para o futuro.

O orçamento empresarial é importante para a gestão financeira porque a permite que a empresa tenha uma clara visão de suas finanças e de seus objetivos. Ele permite que a empresa planeje e controle suas atividades de forma mais eficiente, evitando surpresas observadas e garantindo que a empresa alcance seus objetivos.

Além disso, o orçamento empresarial permite que a empresa avalie diferentes cenários e escolha a melhor estratégia para o futuro. Ele também permite que a empresa faça ajustes e correções ao longo do tempo, de forma a garantir que os objetivos sejam alcançados.

Sendo assim, o orçamento empresarial é importante porque fornece uma base sólida para a tomada de decisões financeiras e operacionais. Ele permite que a empresa tome decisões mais difíceis e seguras, o que pode resultar em melhores resultados financeiros e operacionais.

Sintetizando, o orçamento empresarial é essencial para a gestão financeira da empresa. Ele permite que a empresa planeje e controle suas atividades, defina metas claras para o futuro e tome decisões decisivas e seguras. Por isso, é fundamental que a empresa conte com profissionais capacitados e sistemas de informação capacitados para elaborar e gerenciar seu orçamento empresarial.

CONTABILIDADE GERENCIAL E SUA APLICAÇÃO NA TOMADA DE DECISÕES.

A contabilidade gerencial é uma vertente importante para a tomada de decisões na gestão empresarial. Ela se concentra na produção de informações financeiras e contábeis para auxiliar a administração da empresa na análise e interpretação de seus resultados.

A contabilidade gerencial se diferencia da contabilidade financeira por se preocupar com informações internas da empresa, enquanto a contabilidade financeira se preocupa com informações que serão divulgadas externamente, como relatório financeiro.

Ela tem como objetivo principal fornecer informações relevantes e aguardar para os gestores da empresa, permitindo que tomem decisões mais assertivas. Essas informações podem incluir análises de custos, de margens de lucro, de rentabilidade e de desempenho de diferentes setores da empresa.

Além disso, a contabilidade gerencial também é utilizada para monitorar e controlar os custos da empresa, bem como para identificar oportunidades de melhorias e reduções de custos. Com isso, os gestores podem identificar áreas que precisam ser otimizadas e tomar decisões estratégicas para melhorar a eficiência operacional da empresa.

Outra importante aplicação da contabilidade gerencial é na elaboração de orçamentos empresariais. Ela fornece as informações necessárias para a elaboração de um orçamento preciso, que pode ser utilizado como base para o planejamento e tomada de decisões.

Além disso, a contabilidade gerencial também é utilizada na análise de investimentos. Com base nas informações contábeis e financeiras, os gestores podem avaliar a viabilidade de novos investimentos e decidir se eles são ou não são aceitos para a empresa.

Em resumo, a contabilidade gerencial é uma ferramenta importante para a tomada de decisões na gestão empresarial. Ela fornece informações relevantes e espera para os gerentes da empresa, permitindo que tomem decisões mais assertivas e melhorem a eficiência operacional e financeira da empresa. Por isso, é fundamental que a empresa conte com profissionais capacitados e sistemas de informação capacitados para elaborar e gerenciar sua contabilidade gerencial.

CONTROLE E AUDITORIA INTERNA NA GESTÃO EMPRESARIAL

O controle e a auditoria interna são aspectos bem relevantes na gestão de uma empresa. O controle interno refere-se aos processos e procedimentos pela empresa para garantir a conformidade com as leis, regulamentos e políticas internas, bem como para proteger seus ativos e minimizar os riscos. Já a auditoria interna é uma atividade independente que avalia a eficácia do controle interno da empresa e ajuda a identificar áreas de risco e oportunidades de melhoria.

O controle interno é crucial para uma boa gestão, pois ajuda a garantir a precisão e a confiabilidade das informações financeiras, bem como a eficiência e eficácia das operações da empresa. Ele inclui a implementação de políticas e procedimentos para controlar o acesso aos ativos da empresa, a gestão de riscos, o monitoramento do desempenho e a avaliação da conformidade com as leis e regulamentos.

Por outro lado, a auditoria interna é uma ferramenta importante para avaliar o comportamento do controle interno. Ela é responsável por avaliar a qualidade dos processos de gerenciamento de riscos e controle interno da empresa, identificando possíveis fraudes e erros que possam prejudicar o desempenho financeiro da empresa. A auditoria interna é realizada por profissionais independentes e imparciais, que buscam avaliar a variação do controle interno da empresa e apresentar recomendações para melhorar os processos e procedimentos.

Ela também é responsável por avaliar a eficácia das políticas e procedimentos da empresa, bem como sua conformidade com as leis e regulamentos perfeitos. Ela pode ser realizada de forma regular ou em resposta a uma situação específica, como uma suspeita de fraude ou um risco identificado durante uma revisão interna.

Além disso, o controle e as auditorias internas também

ajudam a melhorar a comunicação interna e a transparência na empresa. Eles permitem que os gerentes e as equipes responsáveis pelo controle interno e pela auditoria interna trabalhem em conjunto para melhorar os processos e procedimentos da empresa, identificando riscos e oportunidades de melhoria.

Em resumo, o controle e a auditoria interna são fundamentais para a gestão empresarial, pois ajudam a garantir a conformidade com as leis e regulamentos, a proteção dos ativos da empresa e a minimização dos riscos. Eles também permitem que a empresa identifique áreas de melhoria e oportunidades para melhorar seus processos e procedimentos internos. Por isso, é fundamental que a empresa conte com profissionais capacitados e sistemas de informação adequados para implementar e gerenciar seus processos de controle interno e auditoria interna.

Capítulo 7:

Gestão da Inovação e Mudança

ENTENDENDO A NECESSIDADE DA GESTÃO DA INOVAÇÃO E MUDANÇA

A gestão da inovação e mudança é um aspecto crítico para o sucesso de qualquer organização que deseje permanecer relevante e competitiva em um ambiente em constante mudança. A partir de agora, abordaremos a importância da gestão da inovação e mudança, bem como os desafios envolvidos e as melhores práticas recomendadas.

Em primeiro lugar, é essencial compreender a importância da inovação para o sucesso empresarial. A inovação é a chave para a sobrevivência e crescimento em um mercado cada vez mais competitivo e em constante mudança. A capacidade de inovar e adaptar-se rapidamente às mudanças do mercado é vital para manter uma posição de liderança em um setor.

Além disso, a gestão da mudança é essencial para garantir que a organização esteja sempre em sintonia com o ambiente em que opera. As empresas precisam ser capazes de se adaptar rapidamente às mudanças do mercado, às necessidades dos clientes e às expectativas dos funcionários. Sem uma gestão eficaz da mudança, uma organização pode ficar presa em processos obsoletos e perder sua posição competitiva.

No entanto, a gestão da inovação e mudança não é fácil. Há muitos desafios envolvidos, como a resistência dos funcionários à mudança, a falta de recursos e a falta de visibilidade em relação ao futuro. Para superar esses desafios, as organizações precisam adotar uma abordagem interativa e estruturada para a gestão da inovação e mudança.

Uma prática recomendada é estabelecer um processo formal de gestão da inovação e mudança. Isso pode incluir a criação de um comitê de inovação, a alocação de recursos dedicados à inovação e a implementação de um processo de revisão e avaliação de ideias de inovação.

É essencial envolver os funcionários em todo o processo de

gestão da inovação e mudança. Uma gestão eficaz da mudança requer que os funcionários estejam cientes das mudanças que estão por vir, compreendam os benefícios das mudanças e estejam engajados no processo. Isso pode incluir a realização de sessões de treinamento e comunicação clara e regular.

Outra prática recomendada é manter-se atualizado sobre as tendências do mercado e as tecnologias emergentes. Isso pode ajudar as empresas a antecipar as mudanças que estão por vir e inovar antes que seus concorrentes o façam. A colaboração com outras empresas, universidades e instituições também pode ser uma forma eficaz de obter novas ideias e conhecimentos.

Por fim, é importante compreender que a gestão da inovação e mudança é um processo contínuo. As organizações devem estar sempre buscando novas oportunidades de inovação e avaliando continuamente sua eficácia. Isso pode ajudar as organizações a permanecerem ágeis e adaptáveis, garantindo sua competitividade a longo prazo.

A gestão da inovação e mudança é essencial para o sucesso empresarial a longo prazo. Embora haja muitos desafios envolvidos, as organizações devem adotar uma abordagem intuitiva e estruturada para enfrentá-los. Isso inclui a criação de processos formais de gestão da inovação e mudança, envolvimento dos funcionários em todo o processo, manter-se atualizado sobre as tendências do mercado e tecnologias emergentes, e avaliação contínua da eficácia das estratégias adotadas.

Ao adotar essas práticas recomendadas, as organizações podem inovar com eficácia e eficiência, aumentando sua capacidade de se adaptar às mudanças do mercado e, assim, manter sua posição competitiva. A gestão da inovação e mudança não é uma opção, mas sim uma necessidade para as organizações que desejam permanecer relevantes e prosperar em um ambiente de negócios cada vez mais dinâmico e desafiador.

DESENVOLVIMENTO DE UMA CULTURA DE INOVAÇÃO E MUDANÇA

O desenvolvimento de uma cultura de inovação e mudança é crucial para o sucesso empresarial a longo prazo. A cultura de inovação e mudança é definida como um ambiente no qual a inovação e a mudança são incentivadas, valorizadas e esperadas. Nesse oportuno momento, abordaremos a importância do desenvolvimento de uma cultura de inovação e mudança, bem como as etapas para sua implementação.

Uma cultura de inovação e mudança incentiva o pensamento criativo, a experimentação e a tomada de riscos calculados. É uma cultura em que os erros são vistos como oportunidades de aprendizagem e as ideias são valorizadas independentemente de sua origem. Uma cultura de inovação e mudança é essencial para garantir que as organizações sejam ágeis, adaptem-se rapidamente às mudanças do mercado e estejam sempre à frente de seus concorrentes.

A implementação de uma cultura de inovação e mudança começa com a liderança. Os líderes da organização devem estabelecer uma visão clara e inspirada de inovação e mudança, incentivando a criatividade e a experimentação. Eles também devem garantir que os funcionários sejam encorajados a pensar fora da caixa e apresentar novas ideias. Os líderes devem estabelecer um exemplo de comportamento de inovação e mudança, liderando pelo exemplo.

Outra etapa importante na criação de uma cultura de inovação e mudança é garantir que os funcionários sejam qualificados para a inovação. Isso pode incluir uma oferta de treinamento em habilidades de pensamento criativo, análise de dados, *design thinking* e outras habilidades relevantes. A organização também deve fornecer aos funcionários os recursos necessários para inovar, como tempo, ferramentas e tecnologia.

Além disso, a comunicação clara e frequente é fundamental

para criar uma cultura de inovação e mudança. Os funcionários precisam saber o que está permanecendo na organização e como as mudanças afetam suas funções e a empresa como um todo. A comunicação também deve ser aberta e transparente, permitindo que os funcionários se sintam seguros para apresentar novas ideias e sugestões.

A celebração e reconhecimento de sucessos de inovação e mudança é outra etapa crítica na criação de uma cultura de inovação e mudança. Isso envolve o reconhecimento dos funcionários que apresentam novas ideias e a implementação bem-sucedida de novas estratégias. O reconhecimento deve ser significativo e tangível, demonstrando que a inovação e a mudança são valorizadas pela organização.

Por fim, uma organização deve ser flexível e adaptável. Isso envolve a capacidade de reconhecer quando as estratégias atuais não estão funcionando e a disposição de mudar de direção rapidamente. Uma cultura de inovação e mudança é uma cultura em constante evolução e a organização deve estar disposta a adaptar-se e evoluir à medida que o mercado e as necessidades dos clientes mudam.

IDENTIFICAÇÃO DE OPORTUNIDADES DE INOVAÇÃO E MUDANÇA

A identificação de oportunidades de inovação e mudança é um processo crítico para as organizações que desejam permanecer competitivas e relevantes. Nesse momento, iremos conhecer a importância da identificação de oportunidades de inovação e mudança, bem como as etapas para sua implementação.

A identificação de oportunidades de inovação e mudança envolve o processo de identificar áreas em que uma organização pode inovar e melhorar seus produtos, serviços, processos e estratégias. Essas oportunidades podem surgir de várias fontes, incluindo feedback dos clientes, análise de mercado e concorrência, pesquisa e desenvolvimento interno, entre outros.

Esse tema reside no fato de que as organizações que não inovam e mudam correm o risco de ficar para trás em relação aos concorrentes e de perder clientes. A identificação de oportunidades de inovação e mudança permite que as organizações se adaptem rapidamente às mudanças do mercado e às necessidades dos clientes, mantendo-se à frente de seus concorrentes.

As etapas para a implementação da identificação de oportunidades de inovação e mudança incluem:

Análise do ambiente externo: Isso envolve a análise do mercado, concorrência, tendências do setor, regulamentações governamentais e mudanças tecnológicas. A análise do ambiente externo ajuda a identificar oportunidades e ameaças que uma organização pode enfrentar.

Análise do ambiente interno: Isso envolve a análise dos processos internos, recursos e capacidades da organização. A análise do ambiente interno ajuda a identificar as áreas em que a organização é forte e onde pode melhorar.

***Feedback* dos clientes:** Isso envolve a coleta de *feedback* dos clientes sobre os produtos, serviços e experiência do cliente. O *feedback* dos clientes ajuda a identificar as áreas em que uma organização pode melhorar para atender melhor às necessidades dos clientes.

Brainstorming: Isso envolve a realização de sessões de *brainstorming* com funcionários de todas as áreas da organização para gerar novas ideias e identificar oportunidades de inovação e mudança.

Pesquisa e desenvolvimento interno: Isso envolve a alocação de recursos para pesquisa e desenvolvimento interno para gerar novas ideias e oportunidades de inovação e mudança.

Parcerias estratégicas: Isso envolve a formação de parcerias estratégicas com outras organizações ou empresas para gerar novas ideias e oportunidades de inovação e mudança.

Ao implementar essas etapas, as organizações podem identificar oportunidades de inovação e mudança que podem ajudá-las a se adaptar rapidamente às mudanças do mercado e manter-se à frente de seus concorrentes. É importante lembrar que a identificação de oportunidades de inovação e mudança é um processo contínuo que deve ser incorporado à cultura da organização. As oportunidades de inovação e mudança podem surgir a qualquer momento e é importante estar preparado para pensá-las e agir rapidamente.

IMPLEMENTAÇÃO DE INOVAÇÃO E MUDANÇA

A implementação de inovação e mudança é uma fase importantíssima para as organizações que desejam permanecer competitivas e relevantes em um ambiente de negócios em constante mudança. Agora, abordaremos os principais passos para a implementação de inovação e mudança, incluindo o planejamento estratégico, a comunicação efetiva, o envolvimento dos funcionários e a avaliação contínua.

Planejamento Estratégico: O primeiro passo na implementação de inovação e mudança é o planejamento estratégico. Isso envolve a definição dos objetivos e metas específicas, bem como o estabelecimento de um plano de ação detalhado para alcançá-los. O planejamento estratégico é essencial para garantir que a inovação e a mudança estejam posicionadas com a visão e missão da organização.

Comunicação efetiva: A comunicação efetiva é fundamental para uma implementação bem-sucedida de inovação e mudança. Isso envolve a comunicação clara dos objetivos e metas da inovação e da mudança, bem como a comunicação das expectativas e responsabilidades dos funcionários. É importante garantir que todos os funcionários estejam cientes do que está permanecendo e sejam monitorados regularmente sobre o progresso.

Envolvimento dos funcionários: O envolvimento dos funcionários é crucial para uma implementação bem-sucedida de inovação e mudança. Os funcionários devem ser incentivados a fornecer *feedback*, ideias e sugestões sobre a inovação e a mudança. Os envolvimentos dos funcionários podem ser alcançados por meio de sessões de *brainstorming*, grupos de trabalho e programas de recompensa e reconhecimento.

Avaliação contínua: A avaliação contínua é importante para garantir que a inovação e as mudanças estejam sendo integradas com sucesso. Isso envolve uma medição regular do progresso em relação aos objetivos e metas definidos, bem como a identificação de problemas e obstáculos que podem estar impedindo o sucesso da inovação e da mudança.

Adaptação às mudanças: A implementação de inovação e mudança é um processo dinâmico que requer adaptação às mudanças e ajustes ao longo do tempo. É importante estar preparado para fazer mudanças e ajustes ao plano de ação à medida que surjam novas informações ou surjam novos obstáculos.

Gerenciamento de riscos: O gerenciamento de riscos é essencial para garantir que a inovação e a mudança sejam integradas com segurança e eficácia, envolvendo assim, a identificação dos riscos potenciais associados à inovação e à mudança, bem como o desenvolvimento de estratégias para minimizar esses riscos.

Desta forma, uma implementação bem-sucedida de inovação e mudança requer um planejamento cuidadoso, comunicação efetiva, envolvimento dos funcionários, avaliação contínua, adaptação às mudanças e gerenciamento de riscos. Com esses passos em mente, as organizações podem implementar inovação e mudança com sucesso e permanecer competitivos em um ambiente de negócios em mudança constante. No entanto, é importante lembrar que a implementação de inovação e mudança pode ser um processo desafiador e que podem surgir obstáculos ao longo do caminho. Algumas das barreiras comuns incluem resistência dos funcionários, falta de recursos e financiamento limitado.

Para superar esses desafios, é fundamental que as organizações proporcionem um ambiente favorável à inovação e à mudança, incluindo incentivos e recompensas aos funcionários que iniciaram para o processo, além de investir em treinamentos e capacitação para desenvolver habilidades de inovação. Também é importante manter uma mentalidade aberta para novas ideias e ser flexível o suficiente para fazer mudanças quando necessário.

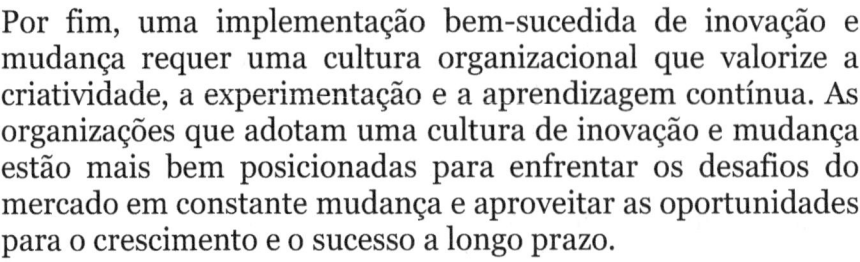

Por fim, uma implementação bem-sucedida de inovação e mudança requer uma cultura organizacional que valorize a criatividade, a experimentação e a aprendizagem contínua. As organizações que adotam uma cultura de inovação e mudança estão mais bem posicionadas para enfrentar os desafios do mercado em constante mudança e aproveitar as oportunidades para o crescimento e o sucesso a longo prazo.

GESTÃO DA MUDANÇA ORGANIZACIONAL

A gestão da mudança organizacional é o processo de planejar, implementar e gerenciar mudanças em uma organização, incluindo mudanças em estrutura, processos, tecnologia, cultura e pessoas. Essas mudanças podem ser pequenas, como a implementação de um novo sistema de *software*, ou grandes, como uma segurança completa da empresa. Em qualquer caso, a gestão da mudança organizacional é crucial para garantir que as mudanças sejam implementadas com sucesso e que a organização possa continuar a operar efetivamente.

Ela começa com a identificação da necessidade de mudança. Isso pode ser feito por meio de análise de dados, *feedback* dos funcionários, pesquisa de mercado e outras fontes de informação. Em seguida, é necessário criar um plano de mudança que descreva os objetivos da mudança, os recursos necessários, as etapas a serem seguidas e as pessoas responsáveis por cada etapa.

Um componente chave da gestão da mudança organizacional é a comunicação eficaz. A comunicação deve ser clara, transparente e envolver todos os membros da organização, desde a liderança até os funcionários da linha de frente. Isso ajuda a garantir que todos entendam o que está controlado, por que a mudança é necessária e qual é o seu papel na implementação da mudança.

O envolvimento dos funcionários também é essencial para a mudança organizacional. Os funcionários devem estar intimamente envolvidos no processo de mudança desde o início, para que possam contribuir com ideias, oferecer feedback e se sentirem investidos no sucesso da mudança. Isso pode ser feito por meio de treinamentos, workshops, reuniões e outras atividades que incentivam a participação dos funcionários.

A avaliação contínua também é fundamental para a gestão da mudança organizacional. Os resultados da mudança devem ser monitorados e avaliados para garantir que a mudança esteja tendo o efeito desejado e para identificar quaisquer problemas ou obstáculos que possam ocorrer. Isso permitirá que a organização faça ajustes e tolerância conforme necessária para garantir que a mudança esteja no caminho certo.

Por fim, é importante lembrar que a gestão da mudança organizacional pode ser um processo complexo e desafiador. Pode haver resistência dos funcionários, custos elevados e outros obstáculos ao longo do caminho. É importante, portanto, que a organização esteja preparada para enfrentar esses desafios e tenha um plano de gerenciamento de riscos em vigor para minimizar qualquer impacto negativo.

Em resumo, a gestão da mudança organizacional é essencial para garantir que as mudanças em uma organização sejam implementadas com sucesso. Isso requer um planejamento cuidadoso, comunicação eficaz, envolvimento dos funcionários, avaliação contínua e gerenciamento de riscos. Ao seguir esses passos, as organizações podem implementar mudanças efetivas e manter sua competitividade em um ambiente de negócios em constante mudança.

TECNOLOGIAS E FERRAMENTAS PARA APOIAR A GESTÃO DA INOVAÇÃO E MUDANÇA

A gestão da inovação e mudança é uma tarefa complexa e desafiadora que requer estratégias e práticas bem-sucedidas. Com o avanço da tecnologia, tornou-se possível utilizar diversas ferramentas e tecnologias para ajudar a facilitar a implementação de inovação e mudança nas empresas. Se faz importante a discussão sobre algumas das tecnologias e ferramentas disponíveis para apoiar a gestão da inovação e mudança.

Softwares de gerenciamento de projetos

O gerenciamento de projetos é uma parte fundamental da implementação de inovação e mudança nas empresas. Os *softwares* de gerenciamento de projetos são ferramentas eficazes para ajudar a gerenciar projetos complexos, monitorar o progresso do projeto e garantir que as tarefas sejam concluídas dentro do prazo estabelecido. Esses *softwares* também permitem a colaboração entre equipes e o compartilhamento de informações em tempo real, o que ajuda a evitar atrasos e erros de comunicação.

Sistemas de gestão de ideias

Os sistemas de gestão de ideias são ferramentas que permitem que os funcionários compartilhem ideias e sugestões para melhorar a empresa. Esses sistemas podem ser usados para gerar novas ideias, identificar oportunidades de melhoria e promover a criatividade na empresa. Alguns exemplos de sistemas de gestão de ideias incluem *IdeaScale*, *BrightIdea* e *Spigit*.

Software de análise de dados

A análise de dados é uma parte importante da gestão da inovação e mudança. Os *softwares* de análise de dados permitem que as empresas coletem e analisem grandes quantidades de dados para identificar tendências, oportunidades e problemas. Esses *softwares* também ajudam as empresas a tomar decisões mais informadas com base em dados objetivos e precisos. Alguns exemplos de softwares de análise de dados incluem *Tableau, QlikView* e *Microsoft Power BI.*

Tecnologia de automação

A tecnologia de automação é uma ferramenta que pode ser usada para simplificar tarefas repetitivas e rotineiras na empresa. A automação pode ajudar a melhorar a eficiência e reduzir erros, permitindo que os funcionários se concentrem em tarefas mais importantes. Alguns exemplos de tecnologia de automação incluem automação de processos robóticos (RPA), *software* de automação de *marketing* e automação de fluxo de trabalho.

Plataformas de colaboração

As plataformas de colaboração são ferramentas que permitem que as equipes trabalhem juntas em tempo real, independentemente de sua localização geográfica. Essas plataformas podem incluir recursos como bate-papo em grupo, compartilhamento de arquivos e videoconferência. As plataformas de colaboração ajudam a promover a comunicação efetiva entre equipes, o que é fundamental para o sucesso da implementação de inovação e mudança nas empresas. Alguns exemplos de plataformas de colaboração incluem *Zoom, Microsoft Teams* e *Google Workspace.*

Software de gerenciamento de mudanças

O *software* de gerenciamento de mudanças é uma ferramenta tecnológica que auxilia as empresas a gerenciar e controlar todas as atividades relacionadas à implementação de mudanças em suas operações. Essas mudanças podem variar desde a implementação de novos sistemas de tecnologia até mudanças organizacionais.

Uma das principais funções do *software* de gerenciamento de mudanças é fornecer uma plataforma para criar e monitorar solicitações de mudanças. Essas solicitações podem ser criadas por qualquer pessoa na organização e serão roteadas para os responsáveis pela análise e aprovação. A ferramenta também permite que os usuários definam os impactos da mudança e forneçam justificativas para a mudança proposta.

Uma vez que a solicitação de mudança é aprovada, o *software* de gerenciamento de mudanças permite que a empresa rastreie todas as atividades necessárias para implementar a mudança. Isso inclui a documentação das alterações necessárias, a criação de planos de teste e a coordenação com as equipes de suporte para garantir que a mudança seja implementada com o mínimo de interrupções possíveis.

Outra função importante do *software* de gerenciamento de mudanças é fornecer relatórios e análises para ajudar a empresa a avaliar o sucesso da mudança. Isso inclui informações sobre o tempo de implementação, custos e qualidade das alterações. Esses relatórios podem ajudar a empresa a identificar oportunidades para melhorias futuras e identificar problemas que possam ter surgido durante o processo de mudança.

Alguns dos principais benefícios do *software* de gerenciamento de mudanças incluem a melhoria da visibilidade e controle das mudanças em toda a organização, a redução de interrupções e tempo de inatividade durante a implementação da mudança e a melhoria da comunicação entre as equipes envolvidas no processo de mudança.

No entanto, é importante lembrar que o *software* de gerenciamento de mudanças é uma ferramenta e não deve substituir completamente o gerenciamento humano. Ainda é necessário que a empresa tenha uma equipe dedicada para gerenciar e coordenar as atividades relacionadas à mudança. O *software* de gerenciamento de mudanças pode complementar e ajudar a melhorar o processo de gerenciamento de mudanças, mas não pode substituir completamente a equipe de gerenciamento de mudanças.

Em resumo, as tecnologias e ferramentas discutidas neste capítulo podem ser utilizadas para apoiar e aprimorar a gestão da inovação e mudança nas organizações. Desde o *software* de gerenciamento de mudanças até as plataformas de colaboração online, essas tecnologias oferecem recursos valiosos para ajudar as equipes a trabalhar juntas, compartilhar informações e monitorar o progresso das iniciativas de mudança. É importante lembrar que essas ferramentas são apenas uma parte do processo de gestão de mudanças, e o sucesso depende do planejamento cuidadoso, comunicação efetiva e envolvimento dos funcionários. Ao utilizar essas tecnologias em conjunto com as práticas de gestão de mudanças, as organizações podem alcançar um sucesso ainda maior na implementação de mudanças bem-sucedidas.

DESAFIOS E OPORTUNIDADES DA GESTÃO DA INOVAÇÃO E MUDANÇA

A gestão da inovação e mudança é um processo essencial para as organizações que desejam manter sua relevância e competitividade em um ambiente empresarial em constante mudança. No entanto, esse processo também vem com desafios significativos, que podem dificultar a implementação de mudanças bem-sucedidas. Esse tópico discutirá os principais desafios e oportunidades enfrentados pela gestão da inovação e mudança.

Desafios da Gestão da Inovação e Mudança:

Resistência à Mudança: A resistência à mudança é um dos desafios mais comuns enfrentados pela gestão da inovação e mudança. As pessoas geralmente resistem à mudança porque ela pode ser vista como ameaçadora, desconfortável e incerta. Isso pode levar à falta de cooperação, oposição e, eventualmente, falha da implementação.

Falta de Recursos: A falta de recursos, incluindo tempo, dinheiro, tecnologia e pessoal, pode ser um desafio significativo para a gestão da inovação e mudança. Sem recursos adequados, as organizações podem ter dificuldade em implementar e sustentar iniciativas de mudança a longo prazo.

Falta de Liderança: A falta de liderança pode levar à falta de direção, clareza e comprometimento. Os líderes devem ser capazes de comunicar claramente a visão da mudança, fornecer recursos e orientação, e envolver os funcionários no processo.

Cultura Organizacional: A cultura organizacional pode ser um obstáculo significativo para a gestão da inovação e mudança. Se uma cultura organizacional não valoriza a inovação, colaboração e flexibilidade, pode ser difícil implementar mudanças bem-sucedidas.

Oportunidades da Gestão da Inovação e Mudança:

Melhoria Contínua: A gestão da inovação e mudança oferece a oportunidade de melhorias contínuas na organização, resultando em eficiência e eficácia aprimoradas.

Vantagem Competitiva: A implementação bem-sucedida de inovação e mudança pode fornecer uma vantagem competitiva para as organizações, permitindo-lhes permanecer relevantes e líderes em seus setores.

Engajamento dos Funcionários: A gestão da inovação e mudança pode levar a um maior engajamento e satisfação dos funcionários, pois eles têm a oportunidade de participar do processo de mudança e contribuir para o sucesso da organização.

Melhor Comunicação e Colaboração: A implementação de inovação e mudança pode levar a uma melhor comunicação e colaboração entre os membros da equipe, permitindo que trabalhem juntos para atingir metas comuns.

Em síntese, a gestão da inovação e mudança oferece muitas oportunidades para as organizações melhorarem sua eficiência, eficácia e competitividade. No entanto, também apresenta desafios significativos que devem ser superados para que as iniciativas de mudança sejam bem-sucedidas. Ao enfrentar esses desafios e aproveitar as oportunidades, as organizações podem construir uma cultura de inovação e mudança bem-sucedida.

AGORA VOCÊ ESTÁ PRONTO PARA GERIR UM NEGÓCIO DE ALTA PERFORMANCE

Em um mundo cada vez mais competitivo e em constante mudança, a construção de uma empresa de sucesso requer estratégias e práticas de gestão empresarial eficazes. Ao longo deste livro, discutimos vários aspectos importantes da gestão empresarial, desde a importância da cultura de inovação e mudança até a implementação de tecnologias e ferramentas para apoiar esses processos.

A construção de uma empresa de sucesso não é uma tarefa fácil e requer um esforço contínuo por parte da liderança e de todos os funcionários. É importante estar sempre em busca de oportunidades de inovação e mudança, avaliar constantemente o desempenho e adaptar-se rapidamente às mudanças do mercado.

Ao longo deste livro, também discutimos os desafios que as empresas enfrentam ao tentar implementar mudanças e inovações, como resistência dos funcionários, falta de recursos e incerteza do mercado. No entanto, com uma abordagem cuidadosa e planejamento adequado, esses desafios podem ser superados.

Chegando ao final deste livro, espero ter fornecido uma visão abrangente das estratégias e práticas de gestão empresarial que podem ajudar as empresas a construir um caminho para o sucesso. Lembre-se de que a gestão empresarial é um processo contínuo e nunca se deve deixar de buscar maneiras de melhorar e inovar. Com um compromisso contínuo com a excelência e uma abordagem cuidadosa para a gestão da inovação e mudança, sua empresa pode se destacar no mercado e alcançar o sucesso duradouro.

SUCESSO A TODOS!